司法改革の失敗と弁護士

弁護士観察日記

PART 3

河野真樹

共栄書房

司法改革の失敗と弁護士——弁護士観察日記ＰＡＲＴ３◆目　次

第3章 日弁連・弁護士大増員路線の軌跡 111

第4章 弁護士自治はどこへ行く 147

第5章　市民と弁護士　185

まえがき

「司法改革とは何だったのか」という言葉が、法曹界の中で聞かれるようになりました。

「改革」の方向性を示した二〇〇一年の司法制度改革審議会最終意見書が出されて一〇年。「オールジャパン」の掛け声のもと、政府、財界、法曹界が旗を振り、突き進んできた「改革」路線が今、大きな壁にぶつかっていることをどう受け止めるべきかという問いかけです。

法曹の役割が格段に大きくなり、その需要は多様化・高度化するとして方向付けられた弁護士の極端な増員政策、その質・量確保のために旧制度を大幅に変え、プロセスの教育を導入した法科大学院を中核とした新法曹養成制度。

「改革」の大きな柱であったそれらが一〇年後に行きついたものは、「改革」路線の「バイブル」であったはずの最終意見書が描いた絵と、大きく異なるものになっています。

そしてそれは、「改革」のスローガンとしてうたわれた「国民のため」「市民のため」という目的さえも疑わせるものになっているといっても過言ではありません。

今、「失敗」「破綻」という言葉が被せられているこの「改革」は一体、何を間違ったのでしょうか。「バイブル」の絵は、なぜ大きく現実と異なってしまっているのでしょうか。

一〇年後の世界に起きている現実を直視することで、その答えを探っていきたいと思います。

序章　断念する法曹志願者

1　続出する司法修習辞退者

世の中には、経済的な事情で、志望している道を断念しなければならないことがいくらもあることを、多くの人が知っています。おカネがないために進学をあきらめることもあれば、よりおカネがかからない方に進路変更を余儀なくされることもあります。裕福な家に生まれていれば、なんてことはなく進める道に進めない現実を、誰もがいったんは受け止め、努力して乗り越えようとする人もいれば、それで納得する人もいます。

おカネがない人も公平に志望している道に進める社会が望ましいとしても、こうした現実が存在している以上、社会は「みんなそれを受け止めている」ととらえてもおかしくはありません。

しかし、いま法曹界に起っている事態はこうした事例と同一に考えるべきことでしょうか。

当初予定の七、八割どころか三割を切ってしまった法科大学院修了者の司法試験合格率の低さに加えて、せっかく司法試験に合格しながら、司法修習を辞退する例が続出しているようです。つまり、司法試験に受かっても法曹になることを断念するということです。

司法修習生の給費制維持を目指す法科大学院生・修了生・司法修習生・若手法律家のネットワーク「ビギナーズネット」のブログがこうした辞退者たちの声を紹介しています。

「私は、司法試験に合格しましたが、修習には行きません。理由は、経済的事情です。私には、奨学金（による借金）が約一一〇〇万円あります。毎月約五万円、二〇年間も返済する必要があります。父の所得は、父と同世代の平均所得約七六五万円の五六％しかありません。ですから、大学、ロースクール、予備校の学費、仕送り月四万円以外の生活費と家賃、高額の専門書などの教材代、模試代は、全て自分で負担しました。現在でも、祖父母の介護や医療費の負担があるため、両親には私を支援する余裕がありません」

「貸与制になるのを知ってロースクールに進学したのではないか？　との声をよく耳にしますが、私がロースクールを受験した二〇〇八年にリーマンショックがありました。これにより弁護士市場も冷え込んでしまいました。さらに、今年に入って、大震災、円高という予測していなかった事態が発生しています。弁護士の就職難も取り沙汰され、司法修習生の三五％は就職先がありません。このような状況では、五年後に十分な収入を得られる保証はありません。どうか、私のように志半ばで法曹の夢が遠のいてしまう人を生まないためにも、貸与制だけは回避していただきたいと存じます」

「この度の新司法試験に三回目の受験でようやく合格した者です。しかし、私は修習には行きません。まず、貸与による借金を懸念しました。というのも、近々結婚を予定しており、借金を抱えての新たな生活はできないと、相手と相談しました。とくに、ローだけでなく、学部のころから奨学金を借りていたため、さらに借金をしたときの返済額を考えると……。また、就職難では明るい未来を感じることができません。就職難でようやく就職できたとしても、半年契約とか短い期間でしかイソ弁ができない人もたくさんいると聞きます。夢をもって目指したのですが、いまの現状が混沌としすぎていて、魅力が無くなりました」

こうした現実を、冒頭に述べたような、おカネがないために自らの進路を断念しなければならないようなよくある事例と同一に考えていいのか、法曹に関しては特別扱いしなくともよいと考えるのか、彼らの辞退もこの社会で「みんなが受け止め」納得しているような問題として片付けてよいかどうか、ここが問題です。

現在の状況では、この国の法曹と呼ばれる人々が富裕層で占められ、法曹界が本来獲得できた人材を確保できない結果が待っていることになります。未来の人間たちが、この時代の人間の狭量さと想像力のなさを責めてもおかしくはありません。

2　弁護士志望者「二割未登録」の衝撃

今年の司法修習修了者の弁護士志望者のうち、約二割が弁護士登録をしなかったことを、二〇一一年一二月一六日の朝日新聞朝刊が一面に報じています。一二月一五日の一斉登録日に登録したのが一四二三人。二回試験合格者一九九一人から七〇人の検察官任官、裁判官任官は昨年並みの九八人と推定し、二一・九％に当たる四〇〇人が未登録という計算です。一斉登録日の未登録者は過去最高になります。

さすがにこの現象の原因について、「朝日」も「就職難」を挙げています。

「弁護士急増による『就職難』で弁護士会費などを払える見通しがたたず、登録できない志望者が多いとみられる」

このニュースを一面で扱ったことからすれば、あくまで「改革」の旗を振り、弁護士会から聞こえてくる増員反対論の「心得違い」をなじってきた「朝日」が、この事態には放置できない深刻なものを読み取ったという風にとらえられなくはありません。

ただ、それがどういう方向性をもったとらえ方なのか、今後の報道も含めて観察しなければなりません。まして「朝日」論調に異変ありとまでいうのは、いささか早計のように思えます。

むしろ、この報道でじんわりと「朝日」チックな感じを出してきているのは、三七面の関連記事の方のように見えるからです。「朝日」は一連の記事のなかで、「就職難」につながっているものとして弁護士会費に注目しています。

「各地の弁護士会と日弁連に入るには計数万～数十万円の負担が必要で、毎月の会費も数万かかる。就職できない人が登録をためらうのは、定期収入が得られる見通しがたたなければ、こうしたお金を払うのが難しいからだ」

とりあえず「会費」をなんとかしろ、という認識に立っているのでしょうか。ただ「朝日」は、この就職難の根本的な原因、つまり急増政策の妥当性、あるいはそれに見合うニーズがあるのかないのかといったことには一切踏み込んでいません。

それどころか、都内の事務所に就職が決まった三〇代の女性を登場させ、彼女の就職活動中の印象として、どこの事務所も「弁護士が増えすぎて仕事がない。だから新人を雇えない」と嘆いていたことを挙げたうえで、こんな彼女の言葉で記事を締めくくっています。

「事務所を構えて顧客を待つこれまでのスタイルはもう限界。弁護士の側にも意識改革が必要だと思う」

これを見る限り、「朝日」は宗旨替えをしていません。増員に見合うニーズの不存在という議論にはならないとする線を引き、改めてそこは弁護士の意識改革不足、努力不足をいうだけです。逆に言えば、弁護士側の意識によって、まだこの事態がなんとかなるという認識につなげようとしているようにとれます。

三〇代女性新人弁護士の真意は分かりませんが、弁護士の努力をいう「朝日」従来の「まだまだ」論に、おあつらえ向きのコメントを抜いている感じがします。

そもそもこの一面の記事にしても、弁護士未登録者数＝就職できない人の数ではなく、就職先がなくても「ノキ弁」「即独」として弁護士登録していることを考えれば、就職できない人は彼らを含めて五〇〇人を優に超えるとして、この報道は、故意に就職難を少なく見積もろうとしているとする見方もあります（武本夕香子弁護士のブログ）。

しかし、「朝日」がどんなに小細工をしても、さすがに読者も弁護士の意識改革よりも増員政策の無謀さ、その根拠性の有無に目がいくと思います。何よりはっきりしているのは、「朝日」がどこまでそれを見越しているかは分かりませんが、こうした報道がまた、弁護士志望の断念もしくは敬遠の方向を後押しする効果を発揮するということです。

第1章　法科大学院の失敗

1　行政刷新会議で噴出した法科大学院「失敗」という声

法科大学院の問題が取り上げられた行政刷新会議の「提言型政策仕分け」二日目、二〇一一年一一月二一日のやりとりでは、度々仕分け人側から法科大学院の「失敗」という言葉が出されました。

このなかで、仕分け人の一人で弁護士でもある階猛議員からは、法曹志願者激減の現実が指摘され、七〇〇〇～八〇〇〇人しか法曹になりたい人がいない状況は、法科大学院をいま抜本的に見直さなければ、国家的な危機につながるという主張がなされました。

しかし、文科省側が回答のなかで終始したのは、入学者数減少の成果でした。六〇〇〇人規模が三六〇〇人規模と既に四割も縮まっており、これは「非常に大きな改革」だ、と。

これはかみ合っているとは言えないやり取りです。前者の主張で、法曹志願者が減ることで懸念されるのは、それによって法曹界が本来獲得できる人材をとれなくなるという事態です。結果として入学者数が減少して合格率が上がってもこの懸念は消えません。もっとも別の見方をすれば、内容はともかく合格率さえ上がれば、志願者減に歯止めがかかり、法科大学院存続が見えてくるという読みにもとれます。

「改革でなくて、追い込まれただけなんですよ」

おさまらない階議員はこう切り出して、これを「改革」の成果だという主張に反論しています。志願者が減って経営が成り立たなくなってきたことが原因で、合格率で淘汰されるということになれば、受験教育を一生懸命やらなければならなくなる。これはロースクールを作った目的に反しているではないか——と。

「受験勉強だけをやって司法試験に受かっただけでは、ろくな法曹になれないとされ、私はろくな法曹ではないというレッテルを張られているんですよ」

旧司法試験合格組である階議員の立場からの声です。この意見は法科大学院が抱える矛盾ともいえる、問題の核心を衝くものだと思います。これを矛盾とみないところに、「改革」の成果をいう側の、公式見解とは違う目的が潜んでいるようにもとれます。

さてこの翌日、中川正春文部科学大臣（当時）は、閣議後の会見で記者からこの法科大学院「失敗」をめぐるやりとりを踏まえて、見解を求められています。

中川大臣は、基本的に法科大学院を含めた大学の在り方について、大学関係者や産業界などの方が参加する幅広い議論の場としての協議会設置の必要性を挙げ、年内にもその具体的構想を示す意向を明らかにし、法科大学院については踏み込んだ発言をしませんでした。

ただ廃止の意向について問われ、こう答えています。

「(廃止の意向は)ありません。現時点では。が、今の形がこれでいいかといえば、そうでもないということだと思いますので、法務省と連携して対応していきたい」

「法曹の養成に関するフォーラム」のような議論が、またここでも始まることを予感させますが、それ以上に、前日の議論の受け止め方として、法科大学院をめぐる問題を「国家的な危機」とみる緊張感は残念ながら感じられません。

前日のやりとりでは、仕分け人から法科大学院について、「誰にとっても不幸な制度」という言い方も出されていました。「誰にとっても」の中身は、大学、法曹界、学生であり、学生が一番割を食うという話も出ていましたが、「国家的な危機」の向こうでは、もちろん国民も割を食うことになります。

まず、「誰にとっても不幸な制度」になっている明らかな「失敗」という前提に立てるのかが、今後を左右することになります。

2　法科大学院は「中核でなくなった」

二〇〇七年四月一日、毎日新聞朝刊に掲載された宮澤節生・青山学院大学法科大学院教授の「法科大学院を生かすために」と題された一文が、法曹関係者の間で話題となりました。

「法科大学院はすでに法曹養成制度の中核としての地位を失った」

彼がそう評した理由は、既にこの時点で司法試験合格率が五割を切ったこと、さらにその低下をほぼ絶望的に予想していたからです。前年の法科大学院修了者による第一回司法試験の合格率四八％、この年は三七％程度に低下を予想、司法審が当面の目標とした三〇〇〇人合格が二〇一〇年までに実現しなければ合格率は二四％程度まで低下し、以降、その水準が固定化する――と。

現実には二回目は四〇・二％だったものの、二〇〇八年三三・〇％、二〇〇九年二七・六％と低下し続け、二〇一〇年は二五・四％と落ち込んでいますから、ほぼ宮澤教授の予想通りの展開となっています。彼は「中核としての地位」の評価として合格率五割を基準にしていましたが、この中で、このままの状態を放置したならば、「二度と立ち直ることはできない」との強い危機感を表明していたのでした。

彼はやはりその時点で、何としてでも合格率をアップすることを必要とし、方策として全法科大学院の入学定員の一律三割削減と総定員数の四〇〇〇人程度の引き下げを提言しています。さらに、これが二〇〇八年に同時実施されても合格率は三割台に達するに過ぎないが、それでも「現状を放置することに比べればはるかにまし」としていました。

驚くべきことは、既に二〇〇七年の段階で、大学関係者の中にこうした認識があったことです。この時点で司法試験委員会が合格率を上げる可能性がない以上、その引き上げには提案のような法科大学院側の決断しかなく、提案通りでも「まし」というレベルにしかならない現実が予言されていたことに、注目しなければなりません。

当時、法曹界や大学関係者からは、まだ一回だけの結果では分からないといった声が多く聞かれました。しかし、合格率の下降一途も、志願者に絞りをかけても合格率をアップするしかないという大学関係者の発想も、「失敗」「破綻」がいわれはじめた二〇一一年の法科大学院制度の置かれた状況そのものを宮澤教授の一文の中に見出してしまいます。

もっともこうした予想を立てた彼にしても、やはり多くの関係者がそうであったように、合格率の低下がもたらすのは「志願者の受験対策志向」であり、懸念していたのは、この制度で解決しようとした状況の再現につながることでした。しかし現実は、志願者の経済負担の関係で、むしろ志望断念・敬遠の問題として現れ出しています。現実はより彼らの想定を越えて、深刻な形で出たというべきなのかもしれません。

法曹養成問題で民主党の作業チームは、二〇一二年の年明けから論点整理の案をまとめ、法科大学院修了の司法試験受験資格化を見直しの対象にする、という報道が流れています（二〇一一年一二月二一日一〇時三五分ＮＨＫニュース）。

法科大学院修了が司法試験の受験資格でなくなるということは、もはや名実ともに「法曹養成制度の中核としての地位を失った」ことを意味するものになるでしょう。しかし一方で、現在が既に「二度と立ち直ることはできない」状態に突入していることを直視していない、もしくは認めたくない関係者がまだ沢山いるというのが、法科大学院をめぐる現在の状況です。

3　法科大学院「不要論」の脅威

法科大学院をめぐる法曹界の空気が、徐々に変化してきています。

ちょっと前までは、「改革」支持に消極的な人に、法科大学院修了者の司法試験合格率が低迷していることなどについて水を向けても、本音はともかく、「それでも、昔に戻せという話にはならない」といった回答が返ってきました。

それがいまやそうでもないのです。「いっそ戻した方がいいのではないか」という声を聞きます。要するに不要ということです。

法科大学院制度がスタートした当初から法曹界には、そもそも旧司法試験をやめてどうして法科大学院にしなければいけないのか、首をかしげる人が少なからずいたことは事実です。それでもそういう人の多くが消極的支持に回ったのには、法曹人口増員の既定方針がありました。その流れがある以上、法科大学院制度の受け入れもやむなしと考える人もいたのです。

しかし、いまやその前提も危ういものになっています。合格者年間三〇〇〇人目標の旗を降ろし、さらに現状の二〇〇〇人より減らし、一〇〇〇人にという声が弁護士の中では強くなってきています。もちろん合格者増員路線が崩れ、逆に減員となれば、現在の法科大学院制度は大幅に見直しを余儀なくされます。増員路線のぐらつきは、法科大学院をぐらつかせるのです。

そもそも現在の法科大学院は、「不要論」に耐え得る現状ではありません。

「法科大学院はもはや不要」――二〇一一年九月三〇日付け朝日新聞オピニオン面「声」欄に、こうした見出しの鈴木英夫弁護士の投稿が掲載されました。ここで鈴木弁護士がはっきりと指摘しているのは、法科大学院の登場によって法曹養成は悪化したということです。

法科大学院修了を受験資格要件としたため、法曹を目指す者は最低二年間高い学費を払わなければならず、却って法曹への門は狭くなった。旧司法試験の弊害として詰め込み主義が指摘されたが、プロセス重視と言いながら成績評価に信用性がなく、司法試験の合否と大学院の成績は無関係。修習生が二回試験で不合格になる割合が高く、質の向上には役立っていない。少人数の対話形式の授業や試験科目以外の法律の学習等も従来の大学院、学部レベルで実現できる。こんな法科大学院に補助金として税金がつぎ込まれている――。

この投稿をよく「朝日」が載せたなという気持ちにはなります。もちろん、「声」欄には比較的いろいろな意見を載せていますので、これをもって推進派「朝日」に異変とまではいえませんが、それにしてもとるに足らない意見として片付けなかったと考えれば、法曹界内の「不要論」の声とムードを、無視できない動きとして感じとった可能性はあります。

この「不要論」への脅威といったものを、制度の推進派は、ずっともっていたのではないかという気もします。予備試験の扱いの議論でもいわれていますが、そもそも受験資格要件化は、そうでもしなければ法科大学院が「利用されない」という前提に立っています。本来、法科大学院が内容においても「質」においても優れているというのであれば、なおさら無理な法科大学院本道主義に立つ必要があったのでしょうか。

結果として、「質」をより確保できるのであれば、別に法科大学院でなくてもいいはずです。しかも、新司法試験という「点」を残しているのならばなおさらで、「司法試験の合否と大学院の成績は無関係」という結論が出た時点で、その意味は決定的になります。こういう評価が出た暁には、即法科大学院の存在意義が問われることを恐れていなかったとは思えません。逆に、こういうことが問われない形で、「七、八割合格」といううたい文句通り、どんどん受かる形を考えていたと考えることもできます。

そもそも新たに立ちあがった実績ゼロの制度を、受験要件として強制化するような形がなぜとられたのか、また現役で活躍している法曹がすべて問題であるわけがない以上、旧制度の極端な全否定からスタートする必要があったのでしょうか。志望者の希望に合わせていくつかのルートを確保し、制度の善し悪しを競わせる選択肢は、法科大学院を推進する側にははじめからないのです。

現在の法科大学院制度は、「点からプロセス」という議論のなかで、現実的な意味や実現可能性を度外視して、プロセスを重視する形がとられた結果のように思えます。それが何のためであったのか、そこが問われる必要があります。

4　現実離れした法科大学院の人材育成目標

「点からプロセス」として、一発試験の旧司法試験から法曹養成の中核としての役割を担わされ、今日に至っている法科大学院ですが、そもそもどういう教育で、どのような人間を養成することを求められていたのでしょうか。

「改革」のバイブルである二〇〇一年六月の司法制度改革審議会最終意見書を受けて、翌二〇〇二年三月に閣議決定された司法制度改革推進計画には、法科大学院が担わされることになったその中身が、具体的に示されているくだりがあります。

「司法を担う法曹に必要な資質として、豊かな人間性や感受性、幅広い教養と専門的な法律知識、柔軟な思考力、説得・交渉の能力等に加えて、社会や人間関係に対する洞察力、人権感覚、先端的法分野や外国法の知見、国際的視野と語学力、職業倫理等が広く求められることを踏まえ、法曹養成に特化した教育を行う法科大学院を中核とし、法学教育、司法試験、司法修習を有機的に連携させた新たな法曹養成制度を整備することとし、そのための措置を講ずる」

この国の新しい法曹教育のための制度立ち上げに、これはあくまで大きな理想を網羅的に掲げたとみるべきなのでしょうか。素直にこれを読めば、まずそこに法科大学院にかぶせられた、異常ともいうべき過剰な期待の役割付与を見ることができます。

「広く求められることを踏まえ」の前に列挙された「法曹に必要な資質」。これを備えた人材の育成を、有機的に連携するどこが担うのか、もしくはトータルで担うのかはっきり分かりませんが、文脈からいえば、司法試験や司法修習よりも、中核たる法科大学院が主に担うべきものといっているようにとれます。

率直にいって、ここには二つの疑問が湧いてきます。一つは、本来法曹養成機関が掲げるべきかどうか疑わしい「資質」が含まれていることです。「豊かな人間性や感受性」「社会や人間関係に対する洞察力」は、いかに法曹に必要といっても、このプロセスの法曹養成として法科大学院が担うべきものなのか。つまり、社会経験で培われるようなテーマまでここで掲げられている違和感です。

そしてもう一つは、これらの資質について、法学既修二年、未修三年の法科大学院で、現実問題としてどこまで実現できるものと考え、実現できるように各法科大学院を作ることを考えていたのかという疑問です。

さらに、こうした人材育成の達成度が、法科大学院の評価につながっているのか甚だ疑わしく、そもそもそうした評価につながる制度ではないと思えます。

いうまでもなく、法科大学院の評価は現実的には司法試験の合格率であり、そもそも司法試験がこれらの達成度を測る形で機能しているのかどうかが疑問です。また、これらの達成度の「効果測定」とする一発試験の在り方というのもよく分かりません。

むしろ、法科大学院からいったん目を離して法曹に必要な資質を見直してみれば、多様な経験を経て、法曹養成機関が教育によってつくるのではない「資質」を持ち合わせた社会人に法曹を志してもらう重要性、法科大学院に来る前の法学部が担うべき法学教育の充実化、さらには、弁護士になったあとの先輩弁護士についての技術や倫理教育のＯＪＴといった、むしろ法科大学院の登場を含めた「改革」によって、逆に失われつつあるとされるものに、本来カバーしている内容が含まれているように思えます。

法科大学院の登場に、なぜこんな大きな理想と理念が掲げられなければならなかったのか、その無理が法曹養成をどう変え、どう歪めたのか、そこがまず問われるべきです。

５　法科大学院構想のツケ

二〇〇四年四月の法科大学院創設の前年の六月、既に開校へ名乗りを上げた各大学のホームページをのぞいて驚きました。対応が各大学でさまざまで、予想以上にバラバラだったからです。

それは各校の「カラー」とか、工夫による違いではありません。要綱などを紹介している所、設立理念を前面に打ち出している所、普通の大学の入試案内のような事務的な扱いの所、はたまたどこをのぞいても、「法科大学院」の文字が一つもない所など――。

各大学によって準備の進捗状況が違うのは当然だとしても、正直、この時に伝わってきたのは、各大学当局の期待度と設立をめぐる事情の温度差と、「何はともあれ名乗りを上げねば乗り遅れる」というムードでした。

この時点で、法科大学院はどんなことが予想され、懸念されていたのか――。当時、取材して書いた記事を読み返すと、そのうちの一つとして、「競争」ということが書かれていました。「法科大学院に待っているのは熾烈な『競争』である」と。

この「競争」について司法審最終意見書は、「それぞれの大学が特色を発揮し、独自性を競い合う中で全体として活性化が期待される」などと、ぼやけた表現しかしていませんでした。しかし、当時既に予想されていたのは、法科大学院を存続させていくための経営努力による「競争」がもたらす活性化が、常によりよい法曹教育を提供するものになるのかという懸念でした。

要は「プロセス」重視の教育という眼目と、学生を確保することが存続のための絶対条件となる大学の「競争」とがどういう関係で成り立つのか、当時からよく分からなかったのです。懸念された予想はこうでした。もし新司法試験が厳格に行なわれ、当初の修了者七、八割の合格が実現しなければ、法科大学院生は受験予備校に依存し、または法科大学院が予備校化する方向で「競争」が行われる。一方、法科大学院を経由しないバイパスを狭くし、新司法試験を容易にパスできる道を作れば作るほど、今度は内容ではなく、入学・授業における負担が軽い法科大学院ほど人気が集まるという方向の「競争」が始まり、当然、質は危険にさらされる。その他、私立校間での国立をにらんだ学費の減額競争、合格後の法律事務所、裁判官、検察官採用での法科大学院による選別といった見通しもささやかれていました。

当時、こうしたことに触れて、大学のうち、法科大学院「開校」を新たなブランドイメージとすることを期待した参戦組には「過酷な未来予想図」と記事では書きました。ただ、懸念は懸念として当たってはいたものの、現実は彼らにより絶望的な形で現れたというべきかもしれません。

第一期生の段階で法科大学院修了者七、八割合格の実現が将来にわたり不可能という見通しは濃厚となり、本格的な「競争」以前に、おカネがかかるのに「受からない」法科大学院には人は集まらないという方向が明確になりました。そもそもその先にある弁護士増員が成り立たず、受かっても仕事がない状況があるにもかかわらず、学生には学費負担、さらに修習時代の給費制廃止までのしかかり、借金を抱えてのスタートが待ち受けているとなれば、これもまた当然のことです。

志望者がこの世界にそれでもやって来ることを前提としていた予想図は、「競争」による「活性化」以前に成り立たなくなったように見えます。これから始まる「競争」がどういうものになるかは分かりませんが、それ以前に、抜本的にメスが入れられる可能性も出てきました。

今振り返ってみれば、法科大学院運営についての「過酷な予想図」をとりあえず描き、懸念していたかもしれない法科大学院関係者や「改革」推進者には、志望者たちの「過酷な未来」に目を向けなさすぎたツケが回ってきたと思えてなりません。

6 「法学部」が描き込まれなかった法科大学院構想

これまでの一発試験である旧司法試験を改め、プロセスの教育として法科大学院制度を作るというイメージには、よく専門家の間でも「医学部」の存在があったという話を聞きます。

このイメージはどこから来たのでしょうか。今回の「改革」論議では、法曹をそれこそ「社会生活上の医師」とする表現が広く使われ、「医師」のイメージが被せられました。

しかし、これは「身近」「予防」というテーマにもつながる在り方の問題です。養成過程という意味においては、最もはっきりとしたイメージづくりに貢献したのは、合格者三〇〇〇人体制を掲げ、修了者の七、八割合格を目標にするとされる司法制度改革審議会の描いた方針です。医学部に入ればまず医者になれる、というイメージの移し替えです。

その後、法科大学院を推進した方々も七、八割実現可能性を確信していたのか、どうも怪しい話も聞かれ出し、識者のなかには「達成不可能なことくらい分かっていただろ」といった志望者自己責任論まで聞かれることになったわけです。それを考えてしまうと、関係者がどこまで法科大学院の宣伝効果を狙ってこれを発信したのか、疑いたくなる面も否定できません。

ただ、このイメージが実現することを前提に、法科大学院構想には、質・量ともに豊かな法曹の人材確保、果ては日本型法化社会、司法による事後救済型社会といった「改革」の理想ものっけられていたように思えます。

法科大学院立ち上げの発想について、二〇一一年七月に行われた日本民主法律家協会司法制度研究集会のプレシンポジウムで、広渡清吾・専修大学教授が取り上げていました（『法と民主主義』二〇一一年一一月号）。

実は広渡教授らは、この構想に「事前のウォーニング（警告）」をしていたと言っています。その一番目に挙げられているのが、法学部との関係です。法科大学院は法学未修コース三年、既修コース二年ができることになりますが、前者が原則とされました。法学部外の学生も視野に入れ、そこに多様な人材確保という理念を被せたともいえるわけですが、実は「法学部」の存在を前提に考え、「学部と法科大学院」をつなぐ形にすべきという議論があったとしています。しかしこの議論は司法審で「粉砕」された、と。

「なぜかといえば、オープンではない、それぞれの大学が自分のところの学生を抱え込み、大学院であと二年育てて法曹として送り出そうというもの」とされたというのです。これが法学部が制度的に位置付けられなかった理由として挙げられています。

さらに、広渡教授は、こんな当時の状況も紹介しています。

「当時、文科省の担当者やロースクール導入推進論者は、法学部不要論ないし法学部リベラルアーツ学部化論を言っていました」

結果どうなったかといえば、法科大学院の教員確保のために、法学部も研究者養成課程も人材をとられ、教師のエネルギーも下がってきているということです。法学部の「沈下」が起こっていることになります。

彼はこう言っています。

「法科大学院に資源が偏り、学部と研究者養成のところが手薄になっている。学部で手薄になると、いい学生が育っていかないし、研究者養成が生まれていかないわけで、結局、どこに跳ね返るかというと、法曹養成もうまくできないということになってしまう。そういうマイナスのスパイラルを正の循環に戻すことが重要です」

彼の結論は、法学部教育を基礎にした法曹養成の在り方を考えた方がいいというものです。「医学部」というイメージが被せられるところから始まりながら、全く別の現実を抱えている法科大学院をめぐって、今後、どこまで根本的な仕切り直しの議論をするのか、あるいはできるのか――そこに法曹養成の未来がかかっています。

7　法学部の「沈下」

法学部の「沈下」が言われ始めています。「沈下」というのは、存在感がなくなっている、あるいはなくなる恐れがあるということです。いうまでもなく、それは法科大学院の存在によるものです。

どういうことかといえば、法科大学院修了の受験資格化の影響です。旧司法試験時代は、志望者は大学在学中に司法試験の受験ができました。ところがそれができない形になった。見方によっては、法科大学院というプロセスの強制です。

大学在学中に予備試験を受けるという手が残されていますが、あくまで法科大学院が本道とされるなか、予備試験ルートは狭き門として冷遇されそうなので、在学中にこのルートからというのは極めて困難と見られています。

旧司法試験は法学部以外の学生も受験できました。法科大学院も、「多様な人材確保」という建て前で法学未修者のコースを作っていますが、これも見方によっては、法科大学院というプロセス通過の義務化です。

これまでの法学部に対するどのような認識で、この制度が設けられたのか。司法制度改革審議会最終意見書に以下のような記述があります。

「これまでの大学における法学教育は、基礎的教養教育の面でも法学専門教育の面でも必ずしも十分なものとは言えなかった上、学部段階では一定の法的素養を持つ者を社会の様々な分野に送り出すことを主たる目的とし、大学院では研究者の養成を主たる目的としてきたこともあり、法律実務との乖離が指摘されるなど、プロフェッションとしての法曹を養成するという役割を適切に果たしてきたとは言い難いところがある」

「しかも、司法試験における競争の激化により、学生が受験予備校に大幅に依存する傾向が著しくなり、『ダブルスクール化』、『大学離れ』と言われる状況を招いており、法曹となるべき者の資質の確保に重大な影響を及ぼすに至っている」

法学部が法曹養成の役割を果たしてきたといえないことと、司法試験についての予備校依存が挙げられています。これは取り方によっては、後者の予備校に依存していた旧体制を、前者の理由によって法科大学院への強制で解決しようとするものです。また、他学部プラス予備校という法学部回避ルートについても、法科大学院という過程を挟み込んだわけで、いずれも予備校の存在感を薄め、法学部はそのままに、法科大学院によって大学側の存在感を高めようとしたといえます。

ところが、法科大学院の未修者コースは三年、既修者コースは二年と、その差はたった一年です。一年で未修者が既修者に追いつくことが本当にできるのかという疑問は当然ありますが、それもさることながら、この制度設計に法学部の教育がどう換算されたのかがよく分かりません。法曹志望者にとって、何も法学部にいく必要はない、未修者コースでいいということになると、立案者は夢にも思わなかったということでしょうか。

こうしたことの当然の結果として、こと法曹志望者にとっての教育機関として法学部は「沈下」し、取り残されている観があります。学部生や教員の意欲にまで影響しているとの声もあります。法曹界を目指さない法学部生も沢山います。しかし、その先の法曹への道を特に視野に入れない「法的素養」のための機関ということになれば、やはり法学部のイメージは変わります。法科大学院の登場で、実務家以外の研究者養成の弱体化もいわれています。

この状況を、法科大学院を立ち上げた法学部を持つ大学はどこまで想定していたのでしょうか。そもそも法科大学院の強制化は、大学法学部の既得権益確保という見方もありました。法曹養成の役割を担いきれていないと評された法学部をそのままに、法科大学院の存在感を絶対的なものにすることで大学の「生き残り」を目指す。プロセス強制が利を生むということであれば、既修・未修格差一年という無理も、今の法学部沈下も、関係者に分かったうえでのことだったのでないかという気がしてきます。

こうした思惑が結局、プロセスによる志望者への多額の経済負担の強制と受験機会のはく奪になり、さらにそこまで強制する成果が、司法試験七、八割合格どころか三割にも満たない現実に、志望者そのものが離れていくという事態がなぜ想定できなかったのかと考えると、やはり不思議な気持ちになります。

敵視された予備校も「生き残り」をかけていますが、今、皮肉にも法科大学院の成功が彼らを追い詰めているのではなく、むしろ、この失敗による志望者の減少が彼らに痛手を与え出しているという話も伝わってきます。

「沈下」がいわれる法学部の現状からたぐり、いったい本当は誰のため、何のために始めた形なのか、もう一度考え直してみる必要があります。

8 第一回「予備試験」結果の受け止め方

「改革」の推進論者たちは、この結果に満足なのでしょうか。法科大学院を経由しない、いわゆる「バイパス」ルートの、第一回目「司法試験予備試験」の最終結果が発表されました。総受験者数六四七七人のうち、最終合格者は一一六人。合格率は約一・八％でした。

一見して「狭き門」という印象を与える数値だと思いますが、この試験実施前には、一〇〇人を下回り合格率も一％を切るのではないかとの観測もあっただけに、違う評価をされる人もいるのかもしれません。

ともかくこの試験は、経済的事情などで法科大学院に進めない人のための、いわば救済措置であるはずなのに、関係者の注目の仕方はその効果についてではありませんでした。法科大学院制度の「抜け道」にならないかという懸念の方に、気を遣ってきたのです。

　したがって、この結果への彼らの満足度もまた、ちゃんと「抜け道」防止の効果があるかどうかという一点にあるといっても過言ではありません。

　二〇一一年一一月一一日付けの朝日新聞朝刊の報道によれば、合格者の内訳は大学生が四〇人、無職三二人、公務員一三人、会社員一二人、法科大学院生八人で、九二人が旧司法試験の受験経験者で、法科大学院修了者も一九人いたようです。

　この結果から分かることは、そもそも法科大学院修了者に比べて圧倒的に少ない合格者なのでこういう評価自体疑問かもしれませんが、まず法科大学院制度の欠陥とされる「多様な人材確保」の貢献度が低いこと。また、受験者の内訳がはっきりしないので断定できませんが、かつて認められていた多数回受験の旧司法試験チャレンジ組、法科大学院修了者で受験回数制限の三回不合格のいわゆる「三振」組には、予想通りこのルートが継続チャレンジの機会としては厳しいものであること、大学・法科大学院在学チャレンジも難しいということは推察できます。

　同日の朝日は、中西一裕・日弁連事務次長と、法科大学院協会事務局長の中山幸二・明治大学法科大学院教授のコメントを掲載しています。

「合格者数が少なく、懸念されていたような抜け道にはならないのではないか。受験者数も当初の予想ほど多くなく、法科大学院を中核とした制度が定着している」

中西事務次長は、「抜け道」懸念に関して「狭き門」となった結果に満足され、さらに法科大学院定着との見方まで提示しています。日弁連はこの「予備試験」について、一貫して法科大学院本道主義の立場から冷遇策の必要を強調してきましたが、まさに狙い通りといわんばかりの言い方で、その姿勢を確認しているようにとれます。

いっぽう中山教授はこれと対照的に、意外なほど悲観的な見通しを示しています。

「合格者数は少ないものの、二〇代前半の割合が多く、今後、優秀な人材が予備試験に流れる可能性がある」

中山教授の方が現実を直視しているととれる発言です。これは、バイパスがここまで絞られていても法科大学院は経由されない懸念は残る、少なくとも、若くて優秀な人材は回避するという見方であり、現在の法科大学院がそれだけ敬遠される要因を持っていることを認識していることがうかがえます。あるいは、もっと絞り込まれていなければ安心できないというよりも、もはやこの制度全体が「抜け道」云々の問題ではない、と認識されての発言ではないかとも思えます。

その意味では、少なくとも中西事務次長の発言を通して見える日弁連の姿勢は、法科大学院本道に現状でも楽観論を持つ推進派、ということになりそうです。

9　法曹志望者の背後に近付く者たち

給費制や法科大学院をめぐり、「お金持ちしか法曹になれない」という問題が指摘されています。その通り、いやそんなことはない、というやりとりも議論のなかでなされてきたのですが、この問題は法曹志望者の機会保障という意味と、法曹の人材の偏りという意味で、現実的な弊害を考える必要があります。

後者に関しては、もし「お金持ちしかなれない」ということであれば、その結果いわゆる富裕層が多く裁判官や弁護士になる状況が生まれ、それは果たして司法の在り方として問題にならないのかという話にもなります。

ところが、もう一つ別の見方もあります。「お金持ちしかなれない」ことよりも、「お金持ちならなれる」ことを懸念する見方です。これは、法科大学院修了者の七、八割程度の司法試験合格という当初の見通しが掲げられた時、よく耳にすることがありました。

暴力団などが資金提供した法曹志望者が法科大学院に入り、受かりやすくなった司法試験をパスする。法科大学院さえ入ればまず合格出来るという制度は、そういう環境を提供するのだ、と。経済的に厳しくて本来法曹界が欲しい人材が来なくなるかわりに、そうした経済問題をパスした望ましくない方々がやってきて、まんまと法曹になってしまう可能性もある環境なのだということです。

もっとも七、八割に遠く及ばない現在の司法試験合格率を見れば、入ったからといって合格できない人の方が七割以上いるのですから、そんな想像もしづらくはなっています。

ただ、気になる話が二〇〇八年に出版された河井克行衆院議員（元法務副大臣）の『司法の崩壊』（ＰＨＰ研究所）という本の中に書かれています。法科大学院関係者の話として紹介されていますが、法曹になる動機・目的を全く明らかにしない「チンピラ」風学生たちの話です。彼も言いますが、これまでも「ヤンキー」や「ツッパリ」風の法曹志望者はもちろんいましたが、それでも彼らの動機や志については法曹志望者のそれだったりしたものなのです。

河井氏は、「推理作家ばりの『想像』と前置きして、この「チンピラ」風の学生たちが、「その筋」の団体から資金提供を受けて、法科大学院に通っている可能性を指摘しています。

もちろん、動機・目的を明かさず、格好が「チンピラ」風というだけで、直ちにこうした想像ができるのかという疑問はあります。ただ、彼も指摘していますが、こうした資金提供の噂は、裏が取りきれない話として旧司法試験時代にも存在していました。私の知っている限りでも、最終的に合格できたかまでは定かではありませんが、かつて大学院で勉強しながら司法試験にチャレンジしていた学生が、実はテキヤ系暴力団の準構成員だったという話がありました。

河井氏はこう書いています。

「旧司法試験は最難関の資格試験であり、合格率がたかだか数パーセントだったから、資金を提供する側にとっても、危険性の高い投資であったに違いない。ところが新司法試験が始まり、一挙に合格率が跳ね上がった。ならば、その『投資』が採算に乗るかもしれないということは容易に想像できる」

繰り返しになりますが、合格率が三割を切っている現在の状況は、河井氏の想像を少なくとも「容易」にさせるものにはなっていません。

しかし、ここで二つのことがいえるのではないかと思います。一つは、とにかく司法試験の合格率を上げよ、とりあえず試験を通せという法科大学院側から聞こえてくる発想とおカネがかかる現在の制度の組み合わせは、方向性において、前記のような関係が生まれる環境を作る危険性を高めるのを否定しきれないこと。

もう一つは、「給費制」が存在し、「修習専念義務」が課せられ、そして法科大学院というプロセスのための経済的条件が問われなかったかつての法曹養成は、志望者に対するそうした外部の影響あるいは誘惑を極力排除するものだったということです。

いまの「改革」が生み出している状況は、弁護士になる前からそうした関係性をより生み出し得る環境を作りつつあるということにも、目が向けられていいように思います。

10　司法修習不要論への足音

二〇一一年三月に都内の法科大学院を卒業して新司法試験に合格したという人物が、ブログで「司法修習制度に対する批判」というタイトルの記事を載せています。

「司法修習に向けて勉強は一切していません。どーせ刑事訴訟なんてやらないし、民事訴訟も知財しかやらないだろうし……。ただで一年も拘束されて、生涯年収を減らされて、司法修習制度はマジで渉外弁護士にとっては懐疑的な制度としか言いようがない」

文面からして、この人物は渉外弁護士志望のようです。司法修習制度へのこういった評価は「結構前から、企業の法務部関係者とかは強く主張しているところ」とし、「司法修習中も商事法務とかを読んで、しっかり渉外弁護士としての意識を高めておかないとやばそう」などとしています。

要するに司法修習不要論です。こんな言い方も出てきます。

「司法修習の合間に就活している修習生、刑事弁護・検察官を志望する修習生、と一緒に勉強会をやって、同じような意識を持って、先端的な議論を展開することができるのだろうか……。結局一人での勉強なら仕事しながらのほうが得ることが多いのではないか……。なんだか司法修習に魅力を見出すことができない」

渉外弁護士を目指す自分が、自分とは違う志望者たちと席を並べて果たして役に立つ勉強ができるのか、一年間が無駄なのではないかという疑問です。

これを見た先輩弁護士のなかには、驚きあきれている方もいます。

「確かに、こういう人に、国費かけて司法修習させてやる必要ないわ、と国民が考えても無理からぬなあと思った。それよりも、まず、ロースクールに国が補助金を出してまで、こういう人に司法試験の受験資格を与える必要もないだろう。こういう人には、採用する渉外事務所が金を出して、『渉外事務担当資格』という特別の資格を与えればいいでしょう」「採用する渉外事務所が、養成から実務教育まで全部面倒を見てね、と言いたくなってしまうわ。そして、一生涯、渉外事務所から出さないでほしい」「こういう方が、渉外弁護士↓マチ弁になってもらったら、国民もいい迷惑だ」（ブログ「弁護士のため息」）

しかし、新司法試験合格者を名乗る人物のブログのコメント欄には、同様に新司法試験に合格し、大手事務所の内定をもらっていると称する人物が、こんな書き込みをしています。

「(検察や刑事弁護等のガイダンスで）検察は、証拠改ざんしてウソの事実を練り上げるくせに、『真実に最も近いのは検察だ！』とか、どの口で思いあがってんの？　と思うような発言をしていました。刑事弁護は、どう考えても無理スジな事件を屁理屈こねて無罪にする、とても法曹のやることとは思えないようなことをやっていました」

「こんなクソみたいな人種と何カ月も修習で関わり、挙句の果てに検察・刑事弁護の起案をさせられるとか、苦痛でなりません。むしろ、慰謝料として、給費制のときの金を払ってほしいくらいです（笑）。僕自身は、少なくとも、検察・刑事弁護好きの人種とは関わりたくないです。暑苦しいだけですので」

彼らがもし本当に自称しているような経歴の人物だとしても、司法修習生がこうした意識の人物で埋め尽くされているということではありません。ただ、これはどういう事態がもたらした結果でしょうか。こうした意識が少しとはいえ混ざりだしていることは、前記先輩弁護士が最後に懸念しているような事態の現実化を含めて、見逃していい兆候とは思えないものがあります。

これは「受け皿」から逆算された当然の結果とみることもできます。弁護士の経済状況が厳しいといわれるなかで、弁護士増員は必要であり、ニーズはいくらもあるという企業系弁護士から発信されている情報は、とりもなおさず志望者に「法曹界を目指すのなら企業系」というメッセージとして伝わっています。企業系なら一番食いっぱぐれがなさそうだと。

そして、弁護士がビジネスと割り切られるなか、何を好き好んで刑事弁護か、役立つことを早くやらせろ、というわけです。法廷に立つことを想定していない法曹を目指す人の修習不要論は徐々に醸成されている、という見方もあります。

さて、どうするのか。最大の問題は、一部の法律実務家の実態に即したこうした発想を持つ彼らに、「改革」の状況は、ある意味胸を張らせるものになるかもしれないということです。

彼らは必要とされる社会のニーズにこたえることを目指し、増員弁護士を待望する世界に足を踏み入れようとしているのだ、と。さらに、弁護士自身が増員による競争の激化に身構え、意識としてビジネス志向になりつつあり、しかも公的な存在という意識につながるはずの「給費制」はなくなる方向です。

法曹になるまでの道のりには相当に投資を強いられ、弁護士の就職難もある。そうした状況をもたらす制度や政策を生んだのは「改革」だ、そうした「改革」の現実として、割り切られる先に自分たちはいるのだ、と。少なくとも法科大学院と新司法試験は、そういう彼らにも「法曹」適格者の判を押しています。

結局、この結果として、司法修習が大事に守ろうとしてきた、統一的な過程を経て一定の意識と共通言語を持った法曹を輩出するという機能が実質的に崩れ出し、それと同時に、不要論・廃止論が現実味を帯び出す可能性は高まってきていることになります。そして、それは決して多様化ではない、単に今よりはるかに「質」のバラつきをもった「弁護士」という存在が、いよいよ社会に放たれることも意味します。

この兆候をもたらしている根源はなにか、その先の社会はどのようなものになるのかを、今、想像しなければなりません。

11　法曹養成の「暗黙の前提」

二〇一〇年、姫路獨協大学が法科大学院として初めての入学募集中止を決定したことに関連して、社会学者の宮台真司氏が、法科大学院の失敗について、ラジオ番組で興味深い見方を示していました（二〇一〇年五月二八日、ＴＢＳラジオ「デイキャッチャーズ・ボイス」）。

宮台氏は、ロースクール構想や大学院設置基準の大綱化といった一九九〇年代以降の流れは、「ガバナンスがでたらめ」で、法科大学院構想は「数合わせの制度改革」だとしています。

つまり彼がいうのは、法律実務家が米国の二〇分の一といった数の不足論がこの構想でいわれたが、日本は米国のような訴訟社会ではなく、「隣人を訴えただけでもバッシング」されたりする国であり、「できれば自分たちで解決してどうしてもダメなものだけ法の裁きを受けましょうという法文化」がある、その違いをわきまえず米国のように増やした結果、弁護士は仕事がなく、債務処理の広告を出しまくり、若い弁護士の低年収まで聞こえてくる――。

これが社会の一部をいじくった「数合わせの制度改革」の結果だというわけです。宮台氏は、できるだけ自分たちで解決して何でも裁判所に持ち込むことはしない日本の法文化を、「いいこと」と受け止めているとしています。

「法の支配」や「二割司法」が強調される司法審路線の「改革」は、ここに泣き寝入りや不正解決を描き込み、この「法文化」を望ましくないものとして変えようとしているともとれるわけですが、宮台氏の発言は、これに対する社会的了解が果たしてあるのかという、根本的な問題を浮き彫りにしているように思います。

これもさることながら、宮台氏はもう一つさらに興味深い見方をここで示しています。一九九〇年の大学院大学化と、翌年の大学院設置基準大綱化による市場化、透明化、ルール化での「公正な競争」という発想がもたらした大学院の質の低下です。旧帝大は定員が倍増して学生の質が低下し、また周辺大学も学生を吸い取られ水準が下がってしまった。その結果として、「二〇年前の学部四年と大学院博士課程一年が同レベル」といわれるほどの状況や、ドクターをとっても就職ができないといった問題も生み出した。それも、社会がもっている機能を大学がわきまえない「数合わせ」の結果だとしています。

そして、ここで彼は重要なことを言っています。この「質の低下」とは、枠の広がりだけによるものではないというのです。

「大学院がどうして回っていたかといえば、それは透明化、ルール化されていない周辺的なものによって支えられていた」

それは何かといえば、人々の大学生や大学院生への尊敬だったり、地方から来た学生が地元にリターンしなければいけないと思い込んでいたり、先生や先輩との人間関係がゼミの活気を支えていたり。そうした「明文化されない暗黙の前提」が支えていたのだというのです。こうした文章化、ルール化できないものが全部つぶされた結果、「暗黙の信頼関係が崩れ、研究者の卵が安心して研究できる、勉強できる環境を奪った」と。

この宮台氏が指摘する変質のプロセスもまた、法曹養成の今にぴったりあてはまるように思えるのです。法曹人口の激増政策と法科大学院制度が壊しているものも、一定の規模のなかで教官と修習生の関係で作られてきた司法修習、あるいはそうしたものへの意識、そうした関係が維持できる「給費制」がもたらしていた経済的余裕、弁護士になってからの先輩弁護士について教わる教育の機会ではないでしょうか。そして、このプロセスで弁護士に対する人々の尊敬の念もまた下降している。あるいは淘汰のプロセスは、下降をもたらすおそれがある。

法曹の卵たちが安心して勉強できる環境が、これまでの「暗黙の前提」を取り払うことで奪われた、もしくは奪われようとしているのではないか、と思えてくるのです。

「暗黙の前提は壊すのは簡単だけど、壊したものをまた作り出すのは、珍しいというか難しく、成功した試しがない。もうダメかという気がします」

宮台氏は大学院の今後に関して、かなり悲観的な見方を提示しています。しかし、法曹養成の「改革」において、まだその「前提」が完全に奪われていないのならば、まだ間に合うのかもしれません。

12　欠陥制度が維持される共通事情

「この国の制度はいったんできてしまったら最後、えんえんと続くようなところがある」

偶然にも最近、別の機会に二人の人間から、こんな同じセリフを耳にすることがありました。もちろんこれは批判的な言い方です。制度が構築されてスタートしまうと、決定的な問題があることが分かっても、早々にそれを抜本的に見直したり、よっぽどでなければ中止したり、構築前の旧制度に戻すということはないということです。

制度構築時にその問題性に気が付かなかった場合や、運用してみて決定的な問題が発覚することももちろんありますが、残念ながら、そうしたケースばかりではありません。問題性を指摘する意見や懸念がはっきり打ち出されながら、それに耳を貸さないということの結果である場合もあります。問題を提起していた側がやりきれないのは、当然分かっていた結果とみえるからで、場合によっては避けられた「失敗」ととれるからです。

一般論として考えても、こうした感覚自体はそんなに珍しいものではないかもしれません。「原発」はまさにその典型で、この国の何人もの人が、避けられた「失敗」にやりきれない思いを持つと同時に、冒頭のセリフと同様の認識を確認したと思います。ただ、付け加えておかなければならないのは、この二人のセリフは、「原発」ではない、奇しくも同じ制度に向けられたものでした。それは法科大学院制度です。

制度をめぐる論議と法科大学院関係者の発言を知る二人の口から出たこのセリフは、とても悲観的な響きを持っていました。つまり現在の法科大学院制度が、目に見えて失敗と行き詰まりの様相を呈していながらも、おそらくえんえんとこれも続けられようとするのではないか、はたまた抜本的な見直しや廃止という方向は、それが一番社会にとって望ましい選択と仮に分かっていたとしても、選択されないのではないかということです。

なぜ、そういうことが起こるのか。

制度構築の「失敗」は、もちろん責任が発生する場合があります。それが、何年も運用されてのことではなく、開始早々問題が起き、当初の見込みを大きく外れ回復の見通しがなければ、それは当然、見込み違いの責任が問われる可能性は高くなります。

したがって、そうしたことを回避するためには、「見通せたはずだ」ということを認めず、結果に対してはまだ最終結果ではないとして、改善による新たな見通しを強調することにもなります。

しかし、制度に固執する理由は責任回避ばかりではありません。新しい制度によってできた新しい利害関係を崩したくない、ということもあります。もちろん、事前の「投資」がのしかかっている場合もあります。問題を引きずりながらでも、なんとか「利」につなげたいという意識です。

もし、本来の趣旨に合致しなくなった制度であってもしがみつく制度構築者だとすれば、そもそもその制度が本当にしかるべき趣旨のもとに形づくられたのか、そこを疑われてもしょうがありません。

法科大学院の受験資格要件化の合理性、教育と合格率のバラつきと学校間格差、試験対策ではない指導と合格率での評価の矛盾、予備試験冷遇の無意味性、多様な人材確保から離れる実態、経済的負担による志望者離れ、実務家教員が中心ではない実務家養成、既修・未修の制度設計の無理……。

こうした法科大学院制度がはらむ問題とその解決への見通し、さらには、それでもとりあえず合格させせよ、質は淘汰で保て、弁護士会は増員に反対するな、という法科大学院関係者の言には、責任回避や利害関係の理屈が読み取れないでしょうか。

実は冒頭のセリフは、裁判員制度開始直前にも、法律家の中から聞かれたセリフでした。問題があった場合でも、なかったことにしてでも制度が存続する危険がある、と。また、官僚機構とはそうした制度にストップをかけにくいものなのだ、と。

「改革」の見直しというテーマを考える時、それが本当に意味のあるものになるかは、どこまで既定路線に縛られず、どこまで原点に返った議論が現実できるのかにかかっています。

13　「法科大学院」撤退の道筋案

「失敗」と「破綻」という言葉が飛び交うようになってきた法科大学院ですが、関係者の中には、やはりいまさら元に戻すなど考えられないといった調子の、あくまで理念の正しさを強調する方もいれば、内心やめるにやめられない、と考えている方もいるように見られます。

そうした法科大学院の現状をにらんで、長野県弁護士会が二〇一一年八月、ある具体的な改革提案をしていました。

「学士以上の所持者をロースクールの学生選抜資格とせずに、大学の学部の中にロースクールを組み込むこととする」

どういうことかというと、学部として法曹養成学部を設置するか、既存の法学部の中に純粋に法学研究を行う法学研究学科と法曹の養成を目的とする法曹養成学科を併設するというものです。つまり法学部にロースクールの機能を持たせるということです。法曹養成学部または法曹養成学科の履修期間は、教養課程一年～二年、専門課程前期二年、同後期二年とすることも提案しています。当然、同学部または同学科卒業生には、司法試験の受験資格が与えられます。

この提案で長野県弁護士会は、現行法科大学院システムの欠陥とされる法学部専門課程の学習が生かされていないことや、法科大学院が法学部の上位に位置することからくる不必要な経済的負担を強いることなどの点を補うことができるとしています。

学生にとって最大の障壁とされる経済的負担が軽減されるメリットは非常に大きいものがありますが、もう一つこの提案のメリットは、現行法科大学院からの移行が比較的想定しやすいという点です。

「法学部のない大学でも、従前の法科大学院を法曹養成学部に組織替えすれば存続が図れるし、法学部のある大学は比較的容易に従前の法科大学院の組織変更ができるうえ、法曹養成学科と並んで法学研究学科を置けば、従来の法学研究を志す学生の需要に応えることができる」

つまり、やめるにやめられない、どこから手をつけていいか分からない大学側に、一つ道筋をつけられないかという話です。現在いわれている法科大学院の登場による法学部や研究者養成の沈下といった問題の解決も、視野に入れているものといえます。

もちろん、これはもはや法科大学院制度を中核とする制度ではなくなることを意味しますし、そもそも大学側の法科大学院を経済的に期待した妙味もないというべきかもしれません。ただ、志望者がこないでこのまま破綻する道と比べてどうなのかという選択肢にはなります。

ただ、弱点もあります。長野県弁護士会の提案は、法曹養成学部・学科について、入学や養成課程で規制し絞り込めば卒業者の高い合格率が導き出せますが、「入口で選抜し、将来を決定することには強い抵抗があるため、このシステムによる法曹養成学部又は法曹養成学科の設置及び入学定員には一定の制約を設ける程度に止め、強い規制はしないこととすべき」としています。しかし入口で強い規制をかけなくても、司法試験合格者数で絞り込まざるを得ないとすれば、司法試験不合格者が年々滞留していくことには変わらないということにもなります。結果、提案は、卒業生には他士業資格か他士業試験科目の免除などの特典を与えるべき、としています。結局、そこは現在の「三振博士」対策同様、なんらかの別のメリットの追加を現実化させなければならなくなるということです。

また、受験資格については、「司法試験はなるべく広く門戸が開放され、様々なルートでの受験が認められることが、広く多様な人材を確保する所以であり、司法試験受験資格は学士以上の所持者で十分であり、法曹養成学部又は法曹養成学科を卒業したか否かは、司法試験合格率に反映されれば足りるという考え方もある」としながら、「司法試験合格前の法曹養成システムをわざわざ構築する意義と意欲を減殺することになるし、また、現行法科大学院の卒業者に与えられる資格についての考え方とも相容れない」と述べています。

法曹養成学部・学科卒業者以外は、別途特例（予備）試験制度でカバーということのようですが、より負担の軽いプロセスへの移行という性格の提案である以上、致し方ないとはいえ、多様な人材確保といった課題やこの予備試験の運用次第では、受験資格がまたもや足かせといわれる可能性もあります。さらに、学部・学科に移された教育の内容次第では、やはり旧司法試験との比較において、存在価値が問われる可能性も否定できません。

この提案に、学者のなかには注目されている方もおられますが、あまり広く取り上げられていないように見えます。ただ、このまま法科大学院が存続する可能性はないという前提に立てば、もっと検討されていい提案のように思えます。もっとも、そうなっていないというところが、関係者の現状認識を示しているといえるのかもしれません。

第2章　変容する弁護士像

1　見立て違いの弁護士増員「予想図」

弁護士のニーズは沢山あるから増やさなければならない。ニーズはあるのだから増やしてもやっていける——弁護士増員政策に弁護士会がカジを切った時、どのくらいの弁護士が本気でこう思っていたのか、今となってみては確実なことは分かりませんが、正直疑問に思います。やっていける、たとえ年間合格者が三〇〇〇人になっても大丈夫という確信を抱いていた人が、それほどいたとはどうしても思えません。年間五〇〇人の時代に弁護士になった人からすれば、六倍という数に少なからず「大丈夫か」という気持ちを持っておられた人は決して少なくなかったと思います。

それでも弁護士会が紆余曲折を経ながらも増員推進路線できたのは、これを完全に信じていた人がいたとしても、大方は「社会のすみずみまで」とか「社会生活上の医師」とか「二割司法」といったスローガンの前に、「これも時代の流れか」とか「反対もできまい」といった、うまくいってくれる期待半分の、諦めの境地もあったのではないかと思います。

ただ、嫌な予感の方が的中したというべきかもしれません。よく聞く本音として、ニーズが沢山あって全然弁護士が足りないのなら、何で今、増員弁護士の「受け皿」が問題になっているのかという声があります。増員路線選択を支持した当事者の発言とすれば他人事のように聞こえますが、そうした声が少なくとも中堅以上の弁護士から聞かれること自体、やはり不確かな未来予想図に期待と諦めから一票を投じたことを示しているように思うのです。

この結果は単純に、そもそも大丈夫という見立てが違っていたことによると考えてもいいと思います。

しかし、「改革」推進派はそうではなく、これはまだ勝負がついているわけではなく、むしろ弁護士の努力不足をいっています。弁護士が進出するところは、実はまだまだあるのだ、と。

また日弁連も最近、機関誌『自由と正義』のなかで、弁護士の増員は「法の支配を社会のすみずみまで貫徹させる」という日弁連提言には「ほど遠い」として、「弁護士を進出させる必要性が高い領域においては、その政策を早急確実に実現するために、組織の弁護士採用の拡大に向けた制度的措置も検討されるべき」としています。（二〇一一年八月号「日弁連が行った司法改革提言と今日の課題」）

具体的な「受け皿」の見通しが示されていないことと、やはり組織内弁護士に期待し、その制度的裏付けがほしいとしている点で、依然として頼りない、不確かな未来予想図と読まれた弁護士会員の方も多かったと思います。

そもそもの見立ての話をすれば、問題はやはり「ニーズ」の描き方です。これまでも指摘したように、有償と無償のニーズがごちゃまぜの議論なのです。大量の弁護士を支えられる有償のニーズがどれほどあるのかという問題です。確かに社会に大量のニーズがあっても、それが無償もしくは無償に近いものを社会が期待しているのであるならば、単純にそれに当たる大量の弁護士を支えきれません。

社会インフラとして、どうしてもそうしたニーズに対応した弁護士を増やすというのであれば、まず、それを支えられる制度的措置がなければ破たんするのは当たり前のことです。

ところが、どうもいったん決めた増やすという結論に対して、現に問題として現れ、当然成り立たない部分を、弁護士側の努力で埋めるよう迫っているのが「推進派」の論調のように見えます。

しかも、無理の部分が大衆へのしわ寄せとなる問題に関して、競争の「淘汰」によって弁護士が良質化し、逆に大衆が利を得るようなきれいな描き方がかぶせられています。さらにもっと嫌な想像をすれば、これは見立て違いではなく、その「利」をしっかり確保した方からすればすべては見立て通りなのかもしれない、ひそかに描いていた予想図通りかもしれない、ということです。その目的も、公式見解や日弁連がいまだに掲げている「提言」のようなものではないことになります。

現状を冷静に見て、どこかで見立て違いの予想図を書き変えないことには、弁護士過剰時代の混迷としわ寄せは、国民を危険にさらしながらえんえんと続くことになります。

2　増員推進派が描いた「弁護士像」

今から三〇年くらい前、弁護士人口の増員の必要性を唱えていたある弁護士に初めて取材したとき、こう言われたのを覚えています。

「日本の弁護士は、裁判所門前町スタイルなんだよ」

つまり、有力神社や寺院の前に社寺関係者とか参拝客を相手にする商工業者が集まることで形成された門前町のように、弁護士は裁判所のそばに事務所を構え、裁判所にかかわることになる市民の仕事をしてきたのだという意味です。これは弁護士の裁判所を中心とした業務、訴訟中心の業務をいうものです。

増員派のこの弁護士は、それを改めるべきなのだというわけです。訴訟以外に弁護士がやるべき仕事は沢山あるのであって、弁護士のあり方としてこのスタイルは時代遅れで問題なのだ、そうした仕事の広がりを求めるには数が必要なのだ、という話でした。

その後、この言い方は時々、同様の趣旨で他の弁護士からも聞くことがあり、弁護士の間で比較的使われる例えであることを知りました。

実は、司法改革論議のなかで、日弁連会長自らがこの例えを使って、弁護士人口の増大の必要性を強調した場面がありました。二〇〇〇年八月二九日、司法制度改革審議会の第六〇回会合での、久保井一匡・日弁連会長（当時）の発言です。

この日、久保井会長は、司法審がこの前年の一二月に公表した「論点整理」で示した司法改革の三つの観点、「日本社会において法を血肉化させる」「国民一人ひとりが統治客体意識から脱却し、統治主体意識をもって社会に参画していく」「法曹が社会生活上の医師としての役割を果たしていく」に「深い感銘を覚えた」と賛辞を述べたうえで、弁護士改革の決意表明を行います。彼はその一番目に「弁護士の人的基盤の強化、すなわち、弁護士人口の増大」を挙げ、そのなかでこう述べました。

「これまで、弁護士の活動はややもすれば裁判所中心の業務、いわば裁判所城下町、裁判所門前町のような形で活動が狭い範囲にとどまっていましたが、これを一日も早く克服し、いつでも、どこでも、どんな問題でも国民の法的ニーズに応えられる、いわば全天候型・全方位型の弁護士像を目指していきます。そのために、今後、これに必要な弁護士の数を確保するため、弁護士人口を増大させていく必要があると考えます。これによって、あわせて日弁連がかねてから主張してきた法曹一元制度を一日も早く実現したいと考えています」

日弁連執行部が、既にこの時点で司法審の「改革」思想に完全に傾倒し、また弁護士人口の増大に法曹一元制度実現への期待感を被せていることが分かります。それもさることながら、ここで興味深いのは、例の「裁判所城下町」「裁判所門前町」スタイルの弁護士業を「一日も早く克服する」先に、久保井会長が描いた図です。

「いつでも、どこでも、どんな問題でも国民の法的ニーズに応えられる」とはすごい表現です。ここまでの万能主義は、あまりに大括りすぎて逆にイメージができません。「いわば全天候型・全方位型の弁護士像」という例えも例えになっているとは思えません。国民生活にとっての晴れの日も雨の日も、弁護士が乗り出すというイメージでしょうか。

おそらく、ここで示されたのは勢いであり強調です。このくらいの覚悟で日弁連は弁護士改革に望み、弁護士人口を増大させるのだという意気込みを伝えたかったのだろうと思います。

いまや弁護士界で、「裁判所門前町」という例えは耳にすることがなくなりました。この一〇年で、弁護士業は確かにそういうイメージではなくなってきたからのように思えます。

しかし半面、その反対概念のように、目標として久保井会長が掲げた「全天候型・全方位型」をいう人もいません。それが意味した「いつでも、どこでも、どんな問題でも国民の法的ニーズに応えられる」といったとらえ方自体に、冷めた見方をする弁護士が増えてきている印象を持ちます。

その最大の原因は、弁護士の激増政策によっても、そういった状況がもたらされないこと、逆に激増政策のためにそうした見方が掲げられただけのことであること、そもそもそうした

「弁護士像」にたどりつく前に弁護士が破たんする危険性があることを、多くの弁護士が知ってしまっているからです。さらに決定的なことは、「全天候型・全方位型」で社会生活に乗り出してくる「弁護士像」を、多くの国民が求めているという話はどこにもないからです。

あの時の日弁連会長の決意は、一体どういう声に向き合い、どちらに向けられていたものなのか。そんなことをいまさらのように考えてしまいます。

3 「贅沢品から必需品へ」という現実味

日弁連の機関誌『自由と正義』二〇一一年九月号に、同年一一月一一日に横浜で開催予定の第一七回弁護士業務改革シンポジウムの案内が掲載されています。二年に一度、弁護士業務の現状や将来をテーマにそのあり方を考え、提言する場として開催されてきたものです。

ただ、関係者の方には大変申し訳ないのですが、毎回このシンポジウムの内容には、会員の中から厳しい評価も聞かれます。分科会のテーマ設定を含め、もっと現実に即して役立つものにしてほしいといった声です。逆にいえば、弁護士業務改革のテーマ設定はそれだけ難しいということでもあり、また、そもそも弁護士のうちどういう層の人に役立つものとするかということで変わってくることなのだろうと思います。

今回は一一の分科会が設定されています。主催者側が、「従来にもまして多くの会員の多様なニーズに沿ったものになっている」と自負するテーマは、①小規模法律事務所におけるマーケティング戦略②地方自治体の自立と弁護士の役割③事務職員の育成と弁護士業務の活性化④企業等不祥事における第三者委員会ガイドラインの今後の課題⑤さらなるＩＴの活用⑥今こそ「夢」実現！⑦弁護士保険の範囲の拡大に向けて⑧中小企業の身近で頼れるサポーターとなるために⑨今の働き方に不安はありませんか？　弁護士のワークライフバランス⑩高齢社会におけるホームロイヤーの役割⑪民事裁判の活性化。

⑥はサブタイトル「より深く、より広く若手弁護士の活躍の場はここにも」を見れば、なんとなく想像はつくと思います。

この内容に興味を持たれる方もいると思いますし、主催者側が非常に力を入れているのは伝わってきます。しかし、このテーマ設定によそよそしいものを感じている会員もいるようです。

ある弁護士のブロクでは、⑥は参加費五〇〇〇円も徴収して、明るい未来の見えなくなった若手弁護士に聞かせるような話なのか、法科大学院で借金まみれにされて就職難に陥った彼らの需要に本当に合致しているのかという疑問を呈し、日弁連が大金をかけて開催するならば次の三点の分科会を開催してほしい、と提案しています。

○弁護士非行による二次被害を軽減するために――弁護士賠償責任保険で補填されない被害者への法的援助・賠償基金の創設などによる今後の救済のあり方。

○強制徴収される弁護士会費の額のあり方と使途の合理性――外国や他士業などとの対照に

よる。

○即独・ノキ弁の業務実態――無垢の学生がLSに多額の学費を支払うに値する現状なのか。

（「福岡若手弁護士のblog」）

さて、今回のシンポの案内記事のなかで一番気になったのは、一一分科会の紹介記事の前に掲載されている、シンポ運営委員会委員長が寄せた一文のなかの次のようなくだりです。

「弁護士業務はどうか。競争は激化し、弁護士の平均所得も低下したという。弁護士にとって厳しい状況であるが、他面では、市民にとって、弁護士は贅沢品ではなくなってきたと言える」

「弁護士業務も、もはや一つ二つの切り口からは捉えきれない、多様な様相を見せてきた。弁護士業務は、弁護士人口の増加を背景に、新たな段階に達しつつある。贅沢品としての弁護士から、もっと手軽に利用できる必需品としての弁護士の変貌である」

弁護士がかつて「贅沢品」だったという言い方を、弁護士からはあまり聞いた覚えがありません。本当に弁護士は「贅沢品」だったのでしょうか。ただ少なくとも、ここでどういう描き方をしようとしているのかは分かります。つまり、一部の人だけが特別な感覚で利用していた存在を、市民が手軽に利用できる「必需品」のような存在に、弁護士は変わらなければいけないのだ、と。さらに、弁護士人口の増加がそれに道を開きつつあるのだ、と。

「改革」路線のなかでえんえんといわれてきた増員によって、「身近な司法」を目指す、それを市民が望んでいるという弁護士会主導層の発想です。しかし、競争の激化のなかで、弁護士は市民にとっての必需品になってきたのでしょうか。弁護士業務はその大増員に見合う「多様な様相」を見せてきたのでしょうか。そして、ここに描かれていることは、本当に市民が望んだことなのでしょうか。

それとも「贅沢品」からの脱皮は、低額化の競争として弁護士が腹をくるということでしょうか。低額化の競争なき「必需品」へというメッセージととられた場合、それはそれで異論を生むような感じもします。

ここに相変わらずの「改革」思想が描き込まれていることが、現状から根本的なその思想のあり方を省みない姿勢のようにとれてしまうとき、前記ブログ氏が掲げていたテーマと、このシンポジウムの間の大きな隔たりを感じてしまいます。

4　弁護士の「質の低下」と現実のリスク

弁護士の「質の低下」の話になると、現在の法曹人口の激増政策や新法曹養成制度を是とする立場の方から、必ずといって出される切り口があります。

「懲戒事案を見ると、主に道を踏み外しているのは、ベテランではないか」

つまり、弁護士不祥事から見る限り、今回の増員政策や新法曹養成制度の影響ではない、そうした政策以前の問題ではないかということです。別の言い方をすれば、法科大学院出身者が不祥事を起こし、懲戒されているわけではないので、その意味で現改革が弁護士の「質の低下」を生んでいるとはいえないのではないか、という主張になります。

現実的には、極端な弁護士増員で経済状況が激変した影響が、ベテラン弁護士に道を踏み外させているととることもできます。それでもしない人はしない、といってしまえば、もともと倫理観として強固なものを持ち合わせていないボーダー層が、こうした影響からくる余裕のなさから、やらかしてしまったということはあるかもしれません。

そうだとすれば、もともとの弁護士の質のレベルが問われてもしようがないとは思います。しかし、それでも現実問題として、弁護士を依頼する側のリスクを増大させていることは無視できません。その影響で国民が被害者になることは変わらないからです。

さらに、「改革」前の弁護士レベルをいうのであれば、それが担保されていない状況で、余計にリスクを増やす政策を強行する非が責められてもおかしくありません。現実的に国民を守るためには、その前提から議論されてもいいはずです。

さらに重要な点があります。「質の低下」とは、懲戒事案では分からないということです。「質の低下」とは、倫理性を欠いた不祥事を起こすような弁護士のことだけを指しているわけではないのです。つまりそれは「能力」の問題です。「悪徳」ではなく「無能」の問題です。法律の基本事項に関する論理的理解に欠けている法科大学院生、司法修習生の存在が指摘されています。さらに現在の状況は、従来のように弁護士になってから、若手が先輩から充分に実務的な技術や心得を学習する機会を与えられていません。

そうした環境の無理は、「無能」な活動として国民に実害を与える可能性があります。能力の問題からすれば、本人が一生懸命に力を尽くしても、本来依頼者が獲得できるもの、少なくともこれまでの弁護士なら獲得したものを獲得できないで終わってしまう可能性が考えられます。また、心得でいえば、その「能力」の足りない部分を、一生懸命さとかやる気のアピールで顧客の気持ちを引きつける形にもなります。

結果として、これらの多くは不祥事にはならない可能性があります。受任から結果までを同時に複数の弁護士でシミュレーションすることができない以上、最終結果が十分でなくても、依頼者は「そんなものか」と判断して終えてしまう可能性が高いからです。気が付かない不利益を被ることもあるわけです。逆に言えば、この場合に懲戒事案に発展するのは、一生懸命誠意をもってやってくれたようにみえる若手弁護士の「無能」を見抜き、弁護士として本来やるべきことを怠っているととらえた場合だけになってしまいます。

この「気が付かない不利益」の部分は、このままでいけば、すべて依頼者市民の自己責任として片付けられることになります。一定の「質」の確保、「資格」による保証がなされていない状況、とりあえず弁護士を社会に放つという状況が、いかに国民にとって危険な状況であるのか、このことだけでもはっきりしているというべきです。

5 「焚きつけられる」という想定と責任

このまま弁護士の激増政策が続いて競争が激化した場合、弁護士と恒常的にお付き合いがない、たまたま弁護士を依頼しなければならない市民は、具体的にどんな危険にさらされるのでしょうか。逆に言えば、どういうことを特に注意することがより求められてくるのでしょうか。

現在の弁護士の経済的な状況をみれば、弁護士を求める必要性がはっきりと現れている有償のニーズが、その増員された数に比して豊富に存在しているわけではないことは明らかです。弁護士会のなかで、増員方向への賛否で意見が分かれるのはここからです。つまり、そうした顕在的ニーズはないかもしれないが潜在的ニーズはあるという見方と、それもそれほどはないという見方です。

前者の見方には、日弁連が転職ガイドブックで取り上げていた企業内弁護士や任期付公務員、法テラス常勤スタッフ弁護士など、まだ弁護士が十分に目を向けていない「受け皿」を選択肢に加えるという考え方があります。ただキャパシティの意味で、それらが現在のところ将来的にどの規模の「受け皿」として期待していいのか、実はだれも断言できず、これからの実績次第という面もあります。

したがって、前者の潜在的ニーズを強調する見方には、これだけではなく実はもっと日常的な市民生活のなかで、泣き寝入りも含めて弁護士に頼むべき案件が眠り、そこに弁護士がおカネをとれるニーズ、逆に言えば、大衆がおカネを出す用意があるニーズが存在しているという描き方が基本にあるのは明らかです。ただ弁護士はそこにたどりついていないのだ、と。

そうなると、問題はその努力ということになります。「掘り起こし」という言葉が使われるときがありますが、一つ間違えれば、それは紛争の「焚きつけ」にもなり、さらにたちが悪いことに、依頼者市民からみて時にその区別は付かないのです。

二〇〇四年に、弁護士倫理に変わるものとして、強制力のある会規として制定された「弁護士職務基本規程」の二九条に、「受任」という弁護士と依頼者市民がつながることになる重要な局面についての規定があります。

第二九条　弁護士は、事件を受任するに当たり、依頼者から得た情報に基づき、事件の見通し、処理の方法並びに弁護士報酬及び費用について、適切な説明をしなければならない。

二　弁護士は、事件について、依頼者に有利な結果となることを請け合い、又は保証してはならない。

三　弁護士は、依頼者の期待する結果が得られる見込みがないにもかかわらず、その見込みがあるように装って事件を受任してはならない。

依頼者市民側にとって、「焚きつけ」と見分けがつかなくなる弁護士との接触では、およそここに書かれている禁止事項が見分けられるのかが、現実問題として突き付けられます。事件の見通しとして説明されていることが果たして正しいのか、見通しもないことを「有利な結果」になると請け合い保証していないか、そして依頼者の期待を見込みがないのに見込みがあるように装い利用していないか――。

逆にいえば、競争が激化するなかで心得違いをする弁護士がとる行動は、いかに巧妙にそれができるかにかかってきていてもおかしくありません。

市民がこれから身を守ろうとするならば、複数の弁護士に所見を求めるセカンド・オピニオンを念頭におくことも考えられますし、初めから同時複数の弁護士に並行して相談を持ちかけ、対応の差をみるという手段まで考えなければならないかもしれません。しかし、現実問題としてそうしたことは依頼者側の負担であり、そもそもその環境が整ったとしても、どこまで依頼者側の取捨の手段として機能し、不当な紛争の「焚きつけ」を排除できるか、今のところ何ともいえません。

基本的には、弁護士側の責任として、あるいは資格制度における「質」の問題として解決していくべきだと思います。既に法律家として無理な主張であり負けることが分かっていても、ファイティングポーズだけで依頼者の気持ちをつなぎ、突っ込んでいく弁護士も登場しているといわれています。

弁護士から見ても「質が低い」という評価につながっているこうした弁護士が依頼者市民

の前に登場してくるのが、「質」の保証なき増員がもたらす「競争」時代の現実であることを、大衆は分かっておかなくてはなりません。

6　弁護士激増と需要「掘り起こし」の危うさ

弁護士を増やしても、その需要まで増えることにはならないのではないかということを、実は弁護士界外の人間からよく言われます。素朴に考えれば、当然の疑問です。

弁護士は社会に現に存在する、広い意味での事件の処理に対応してその必要性がいわれる仕事ですから、増えることで事件が増えるのでなければ、増員する理由がありません。「まさか自ら事件を作り出すことができるわけでもあるまいし」とも思うはずです。

もちろんこれに対して、増員を推進する側がいうのは、潜在需要ということになります。本来、弁護士がいたならば頼みたい案件がこの社会には沢山あって、数がいないことによって表面化していないのだから、増えることによって需要は顕在化してくるという理屈です。

しかし、もし、その潜在需要がなかったならば、増やした数に対応して経済的に支えきれるだけのそれが存在しなかったならば、どういうことになる危険性が高いのかもはっきりしています。いうまでもなく、「まさか」が行われるということです。

これまで弁護士や司法のご厄介にならずに済んでいたもの、もしくは市民がそうなることを本来的に求めていないものを、事件として扱う方向に持っていくことになりかねないということです。もちろん、これを弁護士は事件の焚きつけなどということはなく、あくまでこれも「潜在需要」の掘り起こしとして強弁するでしょう。しかしそうなった場合に、どれくらいの市民が焚きつけと掘り起こしの区別がつくのか、疑問というべきです。

弁護士は「身近な存在」を目指す意味で「医師」にたとえられていますが、この需要をつくるために事件化する弁護士を医師の場合でいえば、患者が見抜けないことをいいことに、必要のない薬を大量に処方する悪い医師のような存在といってもいいかもしれません。

弁護士の有志でつくる「法曹人口問題全国会議」が二〇一一年八～九月、全国の弁護士に法曹人口と弁護士の需要に関して行ったアンケートの結果がこのほど発表されました。一一六二人から回答がありました。

最近の相談や受任件数の増減傾向に関して、「減少」しているが六九・八％と、「増加」の三・九％を大きく上回り、弁護士に需要拡大が望める分野・範囲があると考えるのか、との問いにも、「ない」と思うが五〇・九％で「ある」は一二・三％にとどまっています。

また、二〇一一年四月一日現在の弁護士人口約三万五〇〇〇人は「多い」六二・〇％（「少ない」二・二％、「適当」二二・二％）とし、さらに今後一〇年で法曹人口五万人の法的需要が見込めると「思わない」とした人は、実に九〇・四％（「思う」二・二％、「分からない」五・六％）を占めています。妥当だと思う年間司法試験合格者数も、「八〇〇～一〇〇〇人以下」

が最も多く四五・一％、「五〇〇人～八〇〇人以下」二〇・九％、「一〇〇〇～一五〇〇人以下」一四・二％がそれに次いでおり、現状が当てはまる「二〇〇〇人～三〇〇〇人以下」はわずか〇・八％足らずという結果でした。

同会議の事務局長を務める武本夕香子弁護士は、自身のブログでこの結果について次のように述べています。

「この弁護士アンケート結果を見て戴ければ、いかに弁護士が過剰であるかが少しはおわかり戴けるのではないかと思います。マスコミは、『弁護士が足りない』と言われますが、弁護士の実感としては、弁護士は社会に溢れており、『弁護士が足りない』地域あるいは分野があるとしても、それは医師不足の問題と同じく、適正配置の問題であって、総体的に『弁護士が足りない』わけではありません。それを故意に混同させているのか、過失で混同されているのかはわかりませんが、正確な報道をして戴きたいものです」

地域や分野によって弁護士が必要という意見が仮に正論でも、それはそこに配置することの問題であり、分野にしても、そこに充当される人材を考えなくてはいけないことで、その主張をもってして全体の数を増やすという話は乱暴だということです。もとより、その地域配置や分野が大量の増員弁護士を経済的に成り立たせる形の「受け皿」になり得るという見通しが具体的にある話でもないのです。

それでも、おそらく前記アンケートに答えていない弁護士を含めて、「潜在需要」はまだまだあるといっている方もおられます。弁護士に「あぐらをかかせるな」と反省を求めるのも結構ですが、その描き方と現実とは明らかなギャップがあります。

このアンケートを見ても、激増政策の先に待っている結果に穏やかな気持ちでいられないのは、決して弁護士だけではないはずなのです。

7 弁護士が「事件」を作る社会

最近の弁護士のブログで、こんな言葉が書かれていたのが目にとまりました。厳しい修習生の就職状況、過払い事件減少後の弁護士業界への不安について述べたうえで、彼はこう言います。

「でも、事務所経営維持のために、些細なこと（当事者同士で解決可能なこと）でも、弁護士が介入して事件化させることはあって欲しくないです。弁護士、裁判所をはさんだ解決はあくまで最終手段であって、当事者同士で解決可能であれば、解決した方がいいに決まっています。弁護士費用はかからないし、当事者間にシコリも残らないでしょうから」（「弁護士川浪芳聖の『虎穴に入らずんば虎子を得ず。』」）

これを読んだ一般の人は、あるいは「当たり前のことじゃないか」と思われるかもしれません。弁護士や裁判所を頼むのは、それこそ「最終手段」であり、まず当事者同士で解決することを目指すだろうし、まして「些細なこと」を弁護士が「事件化」するなど、もってのほかだと。

ただ、奇妙なことですが、実は今回の司法改革が目指した社会とは、どちらかといえばその「あって欲しくない」社会、あるいはそれと見分けがつかない社会だと思います。社会のすみずみにまで「法の支配」を行きわたらせるという描き方は、社会生活の様々な場面に弁護士が乗り出してくる社会でもあります。その需要が沢山あるから、弁護士を激増させなければいけないという結果が、冒頭の就職難と弁護士業界の将来不安につながってしまったわけです。

誰が見ても需要が本当に沢山あれば、こんなことにはなりません。そして、どうなるのかというのが、川浪弁護士が「あって欲しくない」としている弁護士による「事件化」ということです。この意見は正直なものだと思います。多くの弁護士はこうなる危険性をよく分かっているということです。

そもそも何がおかしいのかは、はっきりしています。つまり、司法制度改革審議会が最終意見書で打ち上げた「改革」の基本的な発想が、「いいに決まっている」当事者同士の解決のうえで司法を最終手段とするという考え方に立っていないことです。むしろ、そこに不正解決や泣き寝入りを描き込み、望ましくない社会のように位置付けているようにもとれます。

「改革」は市民にとっての弁護士とのかかわりを、「社会生活上の医師」という表現でも分かるように、「最終手段」ではなく社会生活に身近なものとして描き、当然にこれまではご厄介になっていなかった案件、そうした段階ではなかった案件を弁護士や司法に持ち込む世界を目指そうとしています。

この話をすると、多くの人はびっくりして「それは息の詰まる社会だ」と言います。まして「改革」は、川浪弁護士が指摘しているような、より費用がかかることや当事者間のシコリが残る可能性を考慮しているようにも見えません。前に紹介した、社会学者の宮台真司氏がいうように、日本は米国のような訴訟社会ではなく、「隣人を訴えただけでもバッシング」されたりする国であり、「できれば自分たちで解決してどうしてもダメなものだけ法の裁きを受けましょうという法文化」であるにもかかわらず、その違いをわきまえず米国のように弁護士を増やす方向を選択したととれるのです。

別の弁護士ブログでは、こんな書き込みもありました。

「原発被害者を顧客としてホームページで募集する弁護士が出現したそうです。他人の不幸を助ける。他人の不幸を食う。どちらでしょう」「いずれにしても、不幸がないと食っていけないのが弁護士。これからの時代、不幸が増えるから弁護士の増員が必要だったのか。あるいは、逆に、弁護士が増えたから、不幸が増えるのか」(「ｔａｘＭＬの紹介」関根稔法律事務所)

弁護士が乗り出すことは、紛争が生まれ不幸もまた生まれるのではないかという声を、実は弁護士から聞くことがあります。「事件化」の恐れを含めた肌感覚ともいうべきものがあるのかもしれません。同法律事務所のブログはこんな言葉で締めくくっています。

「サラ金が悪く、詐欺師が悪く、東電が悪いのであって、弁護士は救済者である。それは弁護士が正しい仕事をする場合に限り、言えることだろう。しかし、食い物が無く、飢えているオオカミに、子羊を食ってはならないと教えても、それを守るゆとりがあるだろうか」

「改革」の向こうにこんな社会が待っているかもしれないことを、多くの国民はまだ知らされず、気が付かないでいます。

8　弁護士「マネーゲーム」が定着した社会

以前、毎月ニューヨークにいる日本人から届く生のご当地情報を流していたブログがありました。現在は連載を終了していますが、二〇〇八年のエントリーでニューヨークの弁護士事情をレポートしているものがありました（「月刊　more な『ニューヨーク通信』」）。

この内容は非常に印象的でした。ニューヨークには各分野の専門弁護士がおり、マンハッタンの中心で「ロイヤー」と叫ぶと多数の人が振り返ると言われるぐらいに弁護士が多いとしています。一般市民が一生に一度かかわるかどうかも分からない日本と違い、言われている通り、弁護士は当たり前のようにお世話になる存在で、アメリカ在住の日本人も、ビザ申請、マイホームの購入、会社設立などでいちいち弁護士のお世話になるとしています。

こんな話も出てきます。

「交通事故が発生して、負傷者が救急車で運ばれるとその運ばれた病院にすでに何人もの弁護士が待機しており負傷者に直接セールスして依頼を受ける（代理人になり保険会社と交渉）。成功報酬制で保険受取り金額の三〇％（それぞれ異なるが大まかに）もらえるので弁護士も気合が入る」

「一般的に、負傷者側専門の弁護士より（病院で待機している）保険会社側の弁護士の方が、優秀です。保険会社側は、当たり前ですが、できるだけ保険金額を抑えようとする。逆に負傷者側の弁護士は自らの報酬にも関ってくるのでできるだけ取ろうとする。悪い言い方をすれば、お互いの揚げ足取りをして妥協点をさぐる」

彼も言いますが、これは完全に弁護士がかかわるマネーゲームです。アメリカで事故を起こした当事者がすぐに謝罪しない傾向にあるのは、こうした現状が背景にあるようです。過ちを認めた形になることが、その後の司法手続きでのマネーゲームを有利に進めなくさせるからです。

さらに、こうしたマネーゲームが定着した社会の弁護士と市民の関係がどういうものなのかについて、極めて印象的な報告が出てきます。

「ここでも資本主義の原理が働いていて、お金持ちは何かあれば多額のお金を払い優秀な弁護士をつけて解決できます。逆にお金がある為に、何かあればすぐに訴えられます。貧困層は、お金がない為に何かあっても訴えることすらできないが（公的機関やボランティアで可能な場合もありますが）、逆に問題を起こしてもお金がない為に訴えられることも少ないです。（弁護士はお金が取れないと分かる相手と交渉はしたがらない。理由は簡単で儲からないからです）」

ここに描かれているのはお金を中心に動く弁護士の姿です。そして、そのお金がないということは、訴えることができないどころか、訴えられるべきことも訴えられない社会である、と。そして、このおよそ「社会正義」とは無縁な世界を作り出し支えているのが、ほかならない弁護士であるという実態です。

この手の弁護士の拝金主義と、彼らの金儲けが当然の前提としてまかり通っているアメリカ社会の話は、同国で仕事をしてきた日本人からよく聞く話です。そして、必ず付け加えられるのは、それとは違う日本の弁護士への賛辞と、それがアメリカ化することへの懸念です。

こうしたアメリカの「訴訟社会」の一面にかかわる話になると、制度や国民性の違いを挙げて、こうはならないという見方が必ず出されます。それを聞くと、あたかも弁護士もまた、日本ではアメリカのようにはならないといっているように聞こえます。

しかし、前記レポートを見る限り、資本主義の原理に基づく弁護士の自由競争は、結局お金持ちにだけ「正義」の主張機会が与えられ、貧困層には与えられないばかりか、その「不正義」も追及されない社会を生み出しているように見えます。

そして、弁護士を増員させ、資本主義的な競争による「淘汰」での良質化を強調し、あたかも津々浦々に弁護士が登場する社会を支えるために、大衆がお金を投入する意思と余裕があるように描きつつ、なぜかそこでは弁護士が事件・依頼者を資本主義的に選別する競争は行われないように描いている方々がわが国に沢山いることを考えると、このレポートが伝えることを、とても他国のこととして片付ける気持ちにはなれません。

9 「事件創出能力」がもたらすもの

賛否をめぐり大きな議論になっているTPP（Trans-Pacific Partnership、環太平洋戦略的経済連携協定）ですが、弁護士界では反対論調が強いようです。日本社会全体に影響を与えるという観点での意見ももちろんありますが、こと弁護士業との関係では、かつての外国人弁護士問題を彷彿させるものもあります。

これは大量の米国弁護士がやって来る、という前提に立つものです。「黒船来襲」といった論調は、典型的な日本国内的脅威論のような感じもしますが、現に一九八〇年代に弁護士会で大騒ぎになった外弁問題も、少なくともこうした「黒船」で弁護士個々の業務に多大な影響が出るという脅威論に関しては、「大山鳴動、鼠一匹」だったととらえている弁護士も少なくありません。

ＴＰＰに関連して、法務省も外務省も司法関連分野への影響は少ないとの見方のようですし、これがまた外弁論争の二の舞か否かは直ちに断定はできないにせよ、一般の方がこれを聞けば、首をかしげるような気がします。なぜなら、さすがに弁護士が今経済的に苦しい、数は増やしたが仕事にあぶれているという話は、マスコミを通じて知っているからです。

要するに、日本の弁護士がそんなに食えなくなっている市場に、何で海を越えて米国の弁護士がやってくるんだという話です。掘り起こせばまだまだあるという増員推進派の掛け声が正しいとすれば、優秀な米国弁護士が、日本人弁護士が掘り起こせないニーズを掘り起こすということでしょうか。もっとも普通に考えれば、米国弁護士たちのライバルになるのは、企業系や渉外系の弁護士で、多くの「街弁」にはそもそもどれだけ関係があるのか分からないということもあります。

小林正啓弁護士が、最近の自身のブログで、あえてＴＰＰ賛成の立場に立って弁護士業界に起こることを推測しています（「ＴＰＰは弁護士業界に何をもたらすか」）。このなかで小林弁護士も、大量の米国弁護士来襲をやはり経済状況から「眉唾」としていますが、それでもビジネスチャンスを求めてくる米国弁護士、あるいは本国で「うだつが上がらない弁護士」がやって来る状況で何が起こるのかを次のように書いています。

「米国弁護士が、当事者双方の代理人に付くことはまずない、ということだ。つまり、米国弁護士が代理人として何か要求をしてきたとき、対応する日本人・日本企業の多くは日本人弁護士を依頼する、ということである」

「このことは、日本の弁護士業界に明らかな朗報だと思う。米国弁護士が事件をどんどん掘り起こし、作りだしてくれれば、日本の弁護士には労せずして、事件の依頼が多数舞い込むことになる」

「日本の弁護士業界は大変な不景気だが、その原因は、日本の弁護士の『事件創出能力』が欠けていることにもある。米国弁護士は、日本人が思いも付かないやり方で、法的トラブルを作りだしてくれるだろうし、そのノウハウを盗むチャンスをくれるだろう」

「また、米国でうだつの上がらない弁護士の能力は、相当低いとみて間違いない。日本というホームグランドで、日本人弁護士が負けることはない。つまり、米国弁護士がもし流入してくれば、既存の日本の弁護士に、巨大な利益をもたらす可能性がある」

やって来ないという話に立てばそれまでですが、仮にやって来ても、あながち悪い話ではない、という見方もできることになります。ただし、これはあくまで弁護士にとってという話で、日本の社会や日本人にとっていいのかという話は別です。

ポイントは小林弁護士が書いている弁護士の「事件創出能力」です。これが一体、誰のものなのかも明らかです。

「日本人はそんな訴訟社会を望まないって？　そう言う人には問い返したい。訴訟社会化は、TPP問題以前に、日本人自身が選択したことだ。弁護士を増やして、訴訟社会化が進まないなんて、思っていたのか」

小林弁護士は、こう皮肉めいた問いかけをしています。米国弁護士に伍するような「事件創出能力」などに日本の弁護士が長けていないことが、日本社会や日本人にとって有り難いことかもしれないということは、考えておいていいように思います。

10 「弁護過誤訴訟」への期待と不安

五年前に、日本経済新聞が掲載したインタビュー記事（二〇〇六年七月二四日付け朝刊）が、当時話題になりました。登場しているのは、科学技術文明研究所長（当時）の米本昌平氏です。「弁護過誤訴訟のすすめ」

これを読んだときの最初の感想は、およそこのタイトルからイメージされるような穏やかな内容ではないということでした。それは、現在の弁護士の在り方に対するストレートな批判だったからでした。

医師、聖職者などとともに特別の権限が与えられてきた弁護士の職業モデルが、商業主義化のなかで崩れてきているのに対し、歯止めが必要――彼の基本的な認識は、こういったところにありました。さらに彼が強調するのは、身内意識のような体質的問題でした。「医療ミスに対しては裁判も多く、これを防ごうと医者の相互監視も働きつつある」のに、「弁護活動で何らかのミスをして裁判で負けても弁護士はその責任を裁判官のせいにして、……どうも弁護士同士ではお互いのサービス内容の批判をしない」と。

したがって、弁護過誤訴訟がもっと増えればこうした体質が変わり、過誤がなくなっていくというもののようでした。

商業主義化の中で職業倫理が崩れつつあるとする点や、弁護士同士が互いに業務の在り方を率直に批判し合う体質がない点については、米本氏の指摘を真摯に受け止めるべきところもあるように思います。

しかし、おそらくこのインタビューでもっとも問題となるのは、この記事がメインの見出しにとっている点です。

「裁判の負け　なぜ問われぬ」

裁判の勝ち負けを「弁護過誤」という観点から問うべきというメッセージです。これについては、二つの面で考えなければいけないことがあります。

一つは、「何らかのミス」と注釈をしても、何がミスか分かりにくいこともあることです。裁判に負けたことに結び付けて、戦術や手法の選択までかなり広く「ミス」として訴訟で問う風潮が生まれないでしょうか。あるいは依頼者を説得した案件で、結果として負ければ、それも直ちに「過誤」の容疑がかけられるかもしれません。

そしてもう一つは、そうした風潮になれば、弁護士側が負ける見通しの案件を敬遠したり、また法的な戦術において、法律家として最も適切な判断を示さず、依頼者の判断に過度に依存する傾向が生まれかねない、ということです。医療の分野で、医療過誤の賠償責任や刑事責任の追及のリスクを回避するためにとられるとされる診療忌避、「防衛医療」「委縮医療」などといわれるものと同様の結果です。

ただ一方で、弁護士の増員と不祥事の増加は、「弁護過誤訴訟」が登場する社会的な環境をどんどん作りつつあるように思います。現実に行われている裁判では、弁護士を相手にした訴訟の代理人になることを弁護士が敬遠する傾向があることもあって、本人訴訟にならざるを得ない状況もあるようですが、米国などにあるような「弁護過誤専門弁護士」の必要性がささやかれ出していることも事実です。今後、期待感を背負う存在になることも考えられます。

もっとも「弁護過誤専門弁護士」こそ、一つ間違えれば、「負け」の手法があったとして依頼者を焚きつけ、紛争を作りだし、弁護士が弁護士の粗探しをして儲ける存在にもなりかねません。

紛争そのものについては、期限徒過による敗訴などの弁護士のミスには、「弁護士賠償責任保険」というものがあり、さらにそうしたものの充実化が、弁護士・依頼者双方に重要になってくるとは思います。

問われるべき弁護士の責任はもちろんきっちり問われていいと思いますし、それはほとんどの弁護士に異論はないと思います。こうした問題に弁護士が背を向ければ、ただちに身内のかばい合い体質といわれる状況もあります。

ただ、「弁護過誤訴訟のすすめ」の前に、弁護士に根本的な問題として問われていいのは、やはりここでも能力を含む「質」であり、こうした問題そのものを社会に惹起しないための努力です。また、「訴訟化」しないと解決しない風潮、そのビジネス化、さらにはそれによる弁護士の委縮、いずれをとっても社会にとって望ましいとは思えません。弁護士が社会のあらゆる場面に登場するような形の「訴訟社会化」自体が、すべて「勝ち負け」の結果を弁護士に転嫁する社会が登場する芽をもっていることも、そろそろ考えていいように思います。

11　大手事務所事情から見た弁護士大増員

「弁護士『若手の逆襲』」というタイトルで、経済誌『ＺＡＩＴＥＮ』（財界展望社）の二〇一一年一一月号が、弁護士の増員と法科大学院関連で特集を組んでいます。このなかの法曹問題取材班の記事で、「大量増員時代とともに拡大した大手事務所」という一項があります。二〇〇〇年一一月に日弁連が臨時総会で激論の末、「司法試験合格年三〇〇〇人」を弁護士自らが受け入れた背景に、当時はまだバブル後の後始末として弁護士の活躍の場が残されていたことがあり、その恩恵に最も浴したのが大手法律事務所だったと書かれています。

一九九八年から本格した金融危機で、大手事務所は業務領域を大幅に拡大。銀行の不良債権の買い手として上陸した外資系金融機関が入り、海外のファンドが資金を拠出して不良債権を買うという形のなか、資産査定や法的助言、さらに証券化業務が発生、「ワンストップサービス」と「国内最大」といった事務所規模をうたうメリットから統合競争が進み、新人の需要が拡大した――と。

この状況が、大手事務所の弁護士が「三〇〇〇人」を容認した「心理的な背景」だとしています。金融危機一段落後は、国内一般事業会社のバランスシートのスリム化、その後不動産市況が回復、大企業のリストラが済んだ頃から景気回復軌道に乗って大型のM＆Aも増加。二〇〇〇年以降、大事務所が採用する新規弁護士登録者の割合が四～五％から九％に伸びたことも挙げています。

弁護士業の中で、彼ら大手事務所、渉外・企業系弁護士が「花形」というイメージを完全に定着させた時代の話です。

こうした種類の弁護士以外の方々にとっては、正直、よそよそしい感じを与えるエピソードかもしれません。経済誌らしい切り口かもしれませんが、「心理的な背景」という表現ながら、こうした大事務所の経済的成功と見通しが、この国の司法試験合格者を激増させる明確な根拠にはなり得ないことくらい、当時の弁護士にも分かりそうなもののように思えるからです。

それとも当時の彼らの目には、久保井一匡・日弁連会長（当時）が司法審席上で断言したように、本当に年三〇〇〇人は「十分に日本社会で吸収し得る」と映っていたのでしょうか。

その後大手事務所の状況は、二〇〇八年秋のリーマンショックで一変。ファイナンス、大型国内M&A案件が激減。海外企業の国内企業買収も激減するとともに、国内法での彼らのアドバイス業務も減ります。

それとともに新人の扱いも変わったと同誌は報じます。入所直後から選別しての不要な人材の振るい落とし。不要な人材は、終えても帰る場所の保証がない片道切符の海外留学へ。しかも、自分が下についたパートナーの取り扱い分野の業務の下請けしかできない彼らは、中小事務所の若手のような幅広い業務の経験はできず、中途半端な年次で追い出されても転職先がなく、独立となれば一から街弁業務の独学が待っている――と。

すべてがこういうパターンになるとも思えませんが、最悪の事態としては考えられることです。それゆえに、聞こえてくる話としては、一部のその手のエリート意識と上昇志向を持った弁護士以外は、逆に大手を敬遠するという見方があることも事実です。

こうした実態のなかでも、渉外・企業系のベテラン弁護士らからは、「国際競争」「グローバルな弁護士がいない」といった観点を強調し、依然としてまだまだ増やすべき、三〇〇〇人になれば有能な人材がくる、という声が聞こえてきます。また、弱者救済のための「静脈系」弁護士に比べて、企業が海外に打って出ることをサポートする「動脈系」弁護士が日本では決定的に不足しているという方もいます。

リーマンショック以降の状況を見れば、法曹志望者すべてに彼らのメッセージが魅力的なものとして届くかどうかは分かりませんが、少なくとも「市民のため」という大義名分に照らして法曹人口の適正規模を議論するのとは別次元の、経済的な現状認識とそれに対応する弁護士戦力の活用が、常に彼らの発想の根底にあることは踏まえなければなりません。

12　弁護士支援民営化という段階

二〇一一年一一月七日付けの日本経済新聞が報じた国内初となる民間の弁護士就職支援企業「日本司法サービスセンター（ＪＳＣ）」（東京千代田区）が話題となっています。詳しくは同センターのホームページをご覧頂ければと思いますが、新人弁護士を対象に法的書類を書く上での注意点を研修で教えたり、法律相談の場を提供して早期に独り立ちできるよう、有料で支援するそうです。

要するに即独、ノキ弁、さらにはイソ弁の独立を視野にいれた支援サービス業ということになります。ちなみに入会金が二一万円のほか、基本会費として月額五万二五〇〇円などがかかるとしています。

ＪＳＣのホームページには、設立の趣旨としてこんなことが書かれています。

「司法制度改革が始まって一〇年余り、法科大学院の開校、法テラスの開設、裁判員制度のスタートなど、新たな組織や仕組みが登場しました。これにより日本の司法サービスは着実に改善し向上して来ました。しかし、法曹養成機関の法科大学院が創設され、司法制度改革の担い手として弁護士が増員されたものの、ここにきて新たな問題が生じています。世界的な景気低迷の影響、そして期待されていた司法サービスの需要拡大が進まないために、司法研修所を修了した弁護士の就職先が見つからないという事態が発生しています。この問題は、年々より厳しい状況になってきており、司法サービスの『需要』と『供給』のミスマッチの解消が急務となっています」

「この状況を打開するため、日本弁護士連合会では『いつでも、どこでも、だれでも良質の司法サービスが受けられる社会』の実現を目指し、弁護士過疎・偏在の解消や、新しい司法サービス組織による対策、新人弁護士の就職問題などに取り組んでいます。しかし、司法制度改革の目的を目に見える形で実現するためには、新たな発想とさらなる打開策が求められているのではないかと考えます」

ここで言われているのは、まさに法科大学院制度と法曹人口増員という「改革」がもたらした結果の話です。「期待されていた司法サービスの需要拡大が進まない」「司法サービスの『需要』と『供給』のミスマッチ」という現状を直視しています。

ただ、法科大学院を修了した新人弁護士に、「日本の司法サービスの担い手として大いに活躍いただくため、そして厳しい就職状況の打開を図る一つの試み」として、彼らが登場するのは、「改革」路線をあくまで大前提として、これを何としてでも支えようとする試みともいえます。需要拡大が進まず、需要と供給のミスマッチを生んだ「改革」の描き方そのものの反省に立つわけではありません。

もちろん、現実の新人救済策としての面がある以上、この事業に対する弁護士の評価は分かれると思います。こうした事業の登場もまた、現実的にＯＪＴ（オン・ザ・ジョブ・トレーニング）が失われる即独時代の弁護士には、当然想定されることでもあるからです。

しかしこの事業の登場は、さらに今後の法曹界への影響として、いくつかのことを予感させます。

もしこうした事業が続き、あるいはいくつかのライバル事業も立ち上がるという未来があるとすれば、一つにはまず弁護士が就職先の法律事務所で修行する旧来からの形は完全に壊れるということです。仮に、事務所で養成する形になったとしても、この事業が成り立つのであれば、ノキ弁に有料で事務所が修業の場を与える形まで考えられなくありません。

そうなれば、弁護士志望者は法科大学院の学費、貸与制の司法修習時代の費用、弁護士になってからの民間かあるいは事務所での修行代、免除されなければ弁護士会費を覚悟しなければなりません。負担は明らかに増大しますから、現在既にいわれているような志望者の敬遠傾向、経済的条件を満たしたものしか来られないことによる人材の偏りといった問題は、さらに指摘される可能性が出てきます。

そしてこの向こうには、支援の担い手も変わることからの弁護士会の強制加入の不要論、さらには弁護士に関して養成そのものの担い手も民間へという発想が進めば、司法修習の不要論にまで、若手弁護士の意識が大きく傾斜することも考えられます。

もちろんこの方向は、「改革」路線を基本的に突き進むことが前提ですから、国内の景気が大きく改善するといった要因を別にすれば、需要が追い付かないことがいったい何を意味しているのかを考えない以上、この状態がいつまで続くのか、皆目予想が立ちません。

この民間救済事業が継続・発展する状態が意味するものも、考えておく必要があります。

13 「暴力団提携」弁護士の見え方

過払い金返還を求める多重債務者の斡旋を男性弁護士が暴力団から受けていたという事件が報道されています。産経新聞二〇一一年九月一四日の記事には、こんな見出しが付いています。

「暴力団の片棒担いだ弁護士『事務所が赤字で……』多重債務者救済ないがしろ」

弁護士は、警視庁の取り調べで違法行為を知りながら暴力団側に協力したことを認め、その時、「違法とは分かっていたが、事務所が赤字だった」と語ったそうです。

「司法制度改革で弁護士の数が急増。仕事不足、収入不足に悩む弁護士が増える中、多重債務者らが消費者金融を相手に、払いすぎた利子などの返還を求める過払い金返還訴訟は、弁護士にとり確実なビジネスとなっている一面がある」

産経は記事の中で、事件の背景事情としてこんなことを書いています。六九歳にもなる一九七三年に登録したベテラン弁護士が、弁護士の激増による仕事不足のなか、過払い返還に飛び付き道を踏み外してしまった、というストーリーを描いています。

しかし、この記事を見た市民の印象は、聞いた限りそんな感じではありません。むしろ見出しの頭部分の暴力団とのつながりに目がいっています。それは、経済困窮の食いつめた弁護士が事件処理で得たカネが暴力団に流れ資金源となっていた、というストーリーにもおさまらないもののようです。

端的にいって、もっと強い弁護士と暴力団とのつながりです。実は完全に弁護士と暴力団はグル、一体で、もともと両者で利益を上げる取り組みではなかったのかという連想です。「赤字」云々は事実ではない、言い訳だと。本当は、より儲けるための手段だったのではないかというわけです。

記事中にも暴力団組長は、以前自分の刑事事件で弁護人を務めた縁でこの弁護士に接触し、斡旋先となるように持ちかけたことになっており、このあたりもそうした理解につながっている可能性はあります。

もちろん、この想像が当たっているかどうかは分かりません。しかし、この記事の効果にとどまらず、この記事の読まれ方こそ、弁護士を取り巻く社会の目線を象徴しているように思います。

「正義」を掲げながら、暴力団と裏ではつながっていることを容易に想像できてしまう存在、経済困窮が伝えられながらも実は儲けているはずという強いイメージ。ベテランともなれば、それはなおさらかもしれません。「赤字」云々も、もっともらしい情状酌量を求める弁護士お得意の弁論ではないか、といったところです。

記事の中には、捜査関係者のこんなコメントも出てきます。

「返還訴訟が弁護士のビジネス化しているという構図が、悪質な弁護士が野放しになる土壌となる」

微妙な表現です。返還訴訟をビジネスととらえる意識は、いまや「正当な」自覚として、それに携わる弁護士が持ち合わせているかもしれません。それが「悪質な弁護士が野放しになる土壌」というのであれば、返還訴訟に限らず、おカネに群がることになる弁護士のビジネス化は、常にそうしたものが登場する土壌になるということもできるように思います。

それ自体は、ある意味で正しいと思います。しかし、それをいうならば、これからさらに競争を激化させ、よりビジネス化し、それによって生き残りをかけた淘汰まで予想される弁護士の未来図の方にも、「悪質な弁護士が野放しになる土壌」が描き込まれなければなりません。

それとも今回のように、捜査の手が伸びることでどんどん捕まって、市場から退散を迫られるから大丈夫、いつかこういう弁護士はすべていなくなる、ということでしょうか。その間の野放しと被害、あるいは今回のような不正義は、目をつぶるということでしょうか。

そうした描き方がものすごく楽観的に見えるほど、実は弁護士と弁護士の登場への大衆の不信感は進んでいるように思います。弁護士はその数によって「社会のすみずみに」登場することで大衆に頼られることを考える前に、登場する者たちの「質」で信頼を固めることをまず考えなければ、この状態は変わりません。

14　法律事務所系「回転ずし」という現象

法律事務所が回転ずし事業に進出するという話が話題になっています（「Perfect & Complete」「Schulze Blog」）。その事務所というのは、ＣＭでもおなじみの弁護士法人アディーレ法律事務所（石丸幸人・代表弁護士）です。債務整理分野に特化した法律事務所としてスタートして規模を拡大、全国に一八の拠点を持つ、急成長した大手新興事務所です。

もちろん前代未聞のことです。そもそも弁護士が法律事務所の事業として回転ずしをやろうという発想は、およそこれまでの弁護士の感覚からすれば出てこないものでしょう。奇抜といえばそれまでで、新しいという言い方ももちろんできますが、それ以前の理解不能ととらえてしまう弁護士の方も少なくないと思います。

状況としては、もちろんいわゆる「過払いバブル」の終焉とともに、それに依存していた弁護士たちが新たな収入源を模索し始めているのと結び付けることもできる話ですが、ひとえにこれが弁護士の本業とするサービスから距離があること、その一点を弁護士たちがどういう意識で受け止めているのか、むしろそこが同業者としても問いたいところだと思います。

アディーレ法律事務所の、この新規事業担当求人の募集要項に、彼らの考えが示されています。

「私たち弁護士業界は弁護士の大増員時代を迎え、競争が激化してきたことも事実です。この競争時代に当事務所は新たなリーガルサービスを構築・提供することで対応して参りましたが、リーガルサービスにこだわったり、リーガルサービスと親和性のある領域に限定してサービスの拡充を行っていたのでは、組織としての大きな成長が見込めないことが分かってきました」

「そこで私たちは、リーガルサービス『ではない』市場の可能性を求め、新たなステージに踏み出しました。一例を挙げれば、通販、保育、介護、葬儀、アジアへの展開も含め、あらゆる可能性を模索し続けています。リーガルサービスとの親和性なんて不要です。むしろそのような限定は、視界を狭めるだけです」

「リーガルサービスと親和性」のある領域に限定していたならば、組織として成長が見込めない、逆に組織成長のためならば、その「親和性なんて不要」と言い切っているところが、すべてを言い尽くしているというべきかもしれません。これこそ、従来の弁護士がしなかった発想、まさにサービス事業として割り切った弁護士の姿の一つの到達点ともいうべきものです。

「リーガルサービス『ではない』市場の可能性」を求める弁護士の姿は、組織拡大とそのための経済的な効果が見込めるいくつものサービスとリーガルサービスを、その目的のために、まさに並列的にとらえる発想が見てとれます。「不要」と断定的にいう言葉は、そうしたことに対する従来の弁護士の抵抗感との決別宣言のようでもあります。

もちろん、これは弁護士の雇用に貢献するものではありません。これを弁護士の業態のようにとらえて注目するのはおかしい、という冷めた見方もあります。

「資金的に余裕があるうちに投資をして業務を拡張しただけでしょ。弁護士業で貢献利益も稼げなくなれば、飲食業に移行するんでしょ。事実上の転職ですよ。弁護士業を特別視すると変わった行為ですが、弁護士業とは関係ないただの事業投資でしょう」（前出「Perfect & Complete」へのコメント）

一方で、こんな弁護士のとらえ方もあります。

「弁護士会の動きにも注目ですが、それよりも司法制度改革を推進してきた人たちは、こういう動きをどう評するんでしょうかね。これも法律家が社会の隅々に行き渡るという一つの姿なんですかね」（前出「Schulze Blog」）

「改革」が描いた、弁護士が増え、社会の隅々に顔を出してくる社会。そこに登場してくるのが、結局リーガルサービス「ではない」事業への強い関心と意欲を持つ弁護士、否、弁護士バッチをつけた実業家であるということを、「改革」を描いた側、それを受け止めた側もどれだけ想定していたのでしょうか。それとも、これもシナリオ通りなのでしょうか。

15　弁護士支援という「アディーレ」の挑戦

何かと話題を提供する弁護士法人アディーレ法律事務所が、今度は弁護士志望者四〇〇名に、なんと無償で事務所スペースを提供するという支援策を打ち出しました。

弁護士志望四〇〇人というのは、二〇一一年一二月一五日の弁護士一斉登録日の結果から、朝日新聞が未登録者として推定した人数です。

アディーレ法律事務所の今回支援策は、事務所務所スペース（デスク、コピー・FAX等のOA機器、キャビネット、顧客との応接スペース、文房具一式）、必要な書籍、判例検索データベース、事務職員の援助を無料で六カ月間提供するというもので、要するに未登録四〇〇人をみんなまとめて「ノキ弁」として面倒みよう、という話です。

話題の中心は、やはり同事務所の狙いです。何せ先の「回転ずし」事業展開では、組織成長のためには「リーガルサービス『ではない』市場を求め、「リーガルサービスとの親和性なんて不要」と宣言した事務所です。

例えば、四〇〇人への支援策にはそれなりの費用がかかるわけですが、話題性だけとってみても、これまたそれなりの宣伝効果は見込めます。先の事業展開との関係でいえば、そこで強くアピールされたような自分たちの組織の成長ばかりでなく、目下弁護士界が抱える喫緊の課題ともいえる弁護士の就職難に対しても目配りしている、対策に貢献しているというバランスがとれているというイメージ戦略もあるかもしれません。勤務弁護士への採用可能性もうたっていますので、当然、半年間の無給の試用期間として、その後、事務所に有用な人材を確保できるメリットもあります。

つまり、現実的には同業者も驚かすような策ではあるものの、一八拠点、六〇人以上の弁護士が在籍する同事務所が、全国で四〇〇人を受け入れて指導するという話は、彼らにとっては無謀でもなんでもない、十分に見通しと採算が成り立つものなのかもしれません。だとすれば、彼らからいわせれば、現実的な彼らの経済的体力もありますが、要はこうした発想に立てるか立てないかだ、ということになるように思います。

ただ今のところ、ネットなどの同業者の反応には、彼らのそうした戦略があったとしても、「それでもいいじゃないか」とする意見がみられます。現実的な救済策になるということへの評価であり、たとえそこにソロバンをはじいていようとも、それはそれで事業として考えれば当然という見方もあるようです。

とりわけこうした問題に対し、弁護士会も対策を急務として乗り出していますが、率直に言って弁護士会が現実的にここまでの支援策を打ち出せるかどうか、という点もあります。弁護士会ができないことを彼らが実践しようとしているという評価です。

その点では、国内初となる民間の弁護士就職支援企業「日本司法サービスセンター」（ＪＳ

C）立ち上げといった動きを想起させます。それなりの入会金をとるその事業を見れば、ノキ弁に有料で法律事務所が修業の場を提供するという形もあり得るのではないか、と書きましたが、アディーレ法律事務所の挑戦は、弁護士会外がそうしたニーズをカバーしていくという、同じ方向を向いたもののようにもとれます。

一方で増員推進派の方々は、おそらく彼らの挑戦を歓迎し、あるいはこうした形をモデルとして推奨するかもしれません。あたかも、これこそ既存の弁護士が身を削って後進のために行う、あるべき姿として。またぞろ、それを弁護士の意識改革の必要性と結び付け、こういった発想に立てない弁護士の「心得違い」を責めることになるかもしれません。

今、彼らの挑戦は挑戦として注目すべきだとは思います。ただ、その本当の評価はこれからであり、むしろ六カ月以降になされるべきです。いうまでもなく、場所の提供も無論大事ですが、彼らのその指導でどのような弁護士としてスタートを切れたのか、指導された側がどのように受け止めたのか、それもやはり従来の形と比べてどうなのか、そこを見なければなりません。

「この支援を通じ、弁護士が少しでも『身近な（＝ラテン語でアディーレ）』存在となれるような社会貢献を果たして参りたいと思います」

同法律事務所はこの支援策の案内文をこのように締めくくっています。これが「改革」が掲げ、彼らが銘打っている「身近な」存在に向けたひとつのあるべき形とされるのか、「改革」

の失敗が生み出した、なんとかしなければならない「即独」「ノキ弁」時代の象徴なのか、評価とともにそこは冷静に見る必要があります。

16　歓迎できない「従順」弁護士の登場

先輩たちが驚くような若手の弁護士たちの話が伝わってきます。

「依頼者に従順な弁護士が増えている」

こう書けば、あるいは市民のなかには、それのどこが悪いんだ、そんなことを先輩がことさらに思うこと自体、これまでの弁護士が依頼者に対していかに威張っていたかが分かる、と考えてしまうかもしれません。

しかし、依頼者の意を汲み取る弁護士が増えることが、さすがに先輩が驚くようなトンデモない話のわけはありません。また残念ながら、逆にそういう正しい姿の若手弁護士が増えた、と先輩方が称賛している話でもありません。

これは、依頼者のおかしな主張に従順な弁護士ということです。つまり、どう考えても言い掛かりにしか見えない依頼者の主張を、プロの法律家がそのままなぞっているという形なのです。

以前、どう考えても負ける案件について、「ファイティングポーズ」だけで依頼者の気持ちを引きつける弁護士が増えているという話を書きました。それとこの「従順な」弁護士は共通するものがあります。なぜこういうことになるかといえば、やはり両者とも「能力」の問題といえてしまいます。つまりは当該紛争での妥当な決着点、依頼者にとって現実的に最良の解決を認識すること、それに向かって依頼者を説得すること二つの能力が欠落しているとれるのです。

その意味では、「従順」であるがゆえに、「ポーズ」をとっているととれる場合もあるでしょうし、「ポーズ」弁護士よりも、このタイプはさらに主体性がないととれる場合もあると思います。

結果として共通しているのは、当事者にとっても紛争の最良の解決にはならないということです。その意味では、能力もさることながら、基本的な弁護士としての意識がないということもできます。弁護士の仕事は、たとえ当事者に伝えにくいことでもきちっと伝え、納得を得ることが重要な意味を持つものです。ただただ依頼者に従順であることが、依頼者にとっても決して良いことではありません。そこは独立して判断する法律家の姿勢が求められるのです。

ただ、こんなことを言う中堅弁護士がいました。

「法曹の共通言語がなくなってきている感じがする」

これまでは弁護士、裁判官、検察官は、同一の養成過程を経て、法律家として基本的な考え方を学習、訓練するなかで、法律もしくは法律的なとらえ方という共通言語で話し合える関係が作られてきました。それは裁判という場で、裁判官がどういう考えのもとに判断を下すのかということを、一応、他の二者が共有して裁判が進められることにつながる意味もありますし、民事裁判で相対する弁護士間においても、ふさわしい紛争解決を模索するうえで意味をなすものでした。

ところが、プロから見てあり得ない相手側当事者の主張をなぞる弁護士は、もちろん和解交渉にも一切応じないばかりか、もはや交渉する「共通言語」すら持ち合わせていないように先輩弁護士たちが感じる場合がある、ということなのです。

もちろんこれまでだって、同じ法律家として理解に苦しむ主張に出会うことは、弁護士の経験を積んでいくなかで一度や二度ではないという方もいるかもしれません。ただ、その程度において、同業者が驚く実態が最近出始めているという見方もできるのです。

もちろんこうした若手ばかりではありません。こういうトンデモない若手の話をするときに先輩弁護士が必ず言うのは、「優秀な奴、志の高い奴も沢山いるんだけど」という話です。私が知る限りでも、本当にその通りだと思います。

しかし、そうだとしても、この兆候はやはり無視できません。弁護士が社会のすみずみにまで乗り出し、いろいろな社会生活に顔を出すという絵が描かれるなかで、「言いがかり」のような主張に弁護士が加担するようになる社会がどんなものか、それを想像せざるを得ないからです。それは、「共通言語」を持ち合わせない法曹たちがあふれる社会の紛争解決でもあります。

もちろん、あるべき紛争の解決につながらないこと自体が不利益ですが、その不利益すら当事者が分からないで処理されていく可能性まであるのです。

何がそうした弁護士を生み出し、あるいはさらに生み出そうとしているのか、彼らにかかわらざるを得なくなるかもしれない大衆は、こだわらなくてはならないはずです。

17 「オウム」がもたらした弁護士の変化

弁護士に絡んで、「オウム以降」とくくられることがあるものが二つあります。一つは、弁護士のテレビへの露出です。オウム真理教をめぐる一連の事件が発生した当時、テレビはさまざまな弁護士の姿をお茶の間に伝えました。

オウムの信者である教団の弁護士、教団幹部についた弁護士、信者になった人を救済する側の弁護士、そして事件の被害者となった坂本堤弁護士。そうしたさまざまな立場で、この事件にかかわった弁護士を国民は目にすることになりました。中には、キャラクターの方が話題になったりすることもありましたが、およそ一つの事件を通して、さまざまな種類の弁護士がいることを大衆は知ったと思います。

なかでも、連日救済側つまり教団と対立する側でテレビに登場した弁護士たちは、テレビを通じた弁護士とお茶の間の距離感を変えたという人もいます。弁護士コメンテーターは、今では当たり前に番組に登場し、タレント弁護士としてのポジションを作った観もあります。この「オウム」の時期の弁護士の露出に、「使える」手ごたえを制作者側がつかんだのかもしれません。

オウム報道が一段落したあと、たびたび特番などに出ていた教団と対立していた弁護士が、ワイドショー番組のなかのオウムとも法律問題とも無縁のコーナーで、何かを試食しながら談笑しているのを見て、当時ちょっと驚いた記憶がありますが、今思えば、「マルチ」化へのさきがけだったように思えます。

もう一つ「オウム以降」が言われるのは、弁護士の防衛意識です。坂本弁護士事件を契機として、弁護士が自らの身を守る意識が強まったというのです。とりわけ、坂本弁護士が自宅を襲撃され、家族とともに教団によって殺害されるという痛ましい事態は、多くの弁護士に衝撃を与えました。

弁護士会では、それまでも業務妨害というテーマで、こうした弁護士個人への攻撃への対処が取り上げられてきましたが、ここまでの衝撃を与えた事件はなかったと思います。自宅が攻撃にさらされ、家族が犠牲になるという状況に対して、自らの無防備さを多くの弁護士が実感したはずです。

それが証拠に、それまで自宅の住所を日弁連の会員名簿で公開していた弁護士が、続々と掲載中止を希望するようになり、数年して、日弁連は全面的に自宅住所公開を中止しました。私が制作にかかわっていた『全国弁護士大観』でも同様に、この時期から自宅住所の削除希望が急増しています。

当初こそ、弁護士と依頼者のアクセス確保は二四時間保障されてもいいとか、こうした対応をむしろ弁護士への圧力に対して屈した、後ろ向きの対応のように批判的にとらえる弁護士もいましたが、やはり弁護士が自らの身を守ることも否定するわけにはいかない、という見方が大勢になりました。これもまた、「坂本弁護士事件」の衝撃の大きさが影響したように思います。

全くつながりのないように思える、「オウム以降」もたらされた弁護士の二つの変化は、見方によっては、弁護士を外と内へ向かわせる形に、正反対の方向で現れたものとみることができます。

個々の弁護士が自らの身の危険を感じ出すと同時に、テレビの向こうから「弁護士」という存在が社会に現れ出した――ある意味不思議な、そして皮肉な「オウム」がもたらした現実です。

18　「美人」が話題になる弁護士の環境

テレビの法律バラエティ番組へのレギュラー出演が決まった女性弁護士が、「美人弁護士」として報道され（二〇一一年一一月二八日、Ｊ－ＣＡＳＴニュース）、ネットで話題になっているのを見て、つくづく弁護士も変わったと思ってしまいました。

念のためお断りしておけば、「美人」という評価において女性弁護士が変わったということではありません。弁護士がこうした取り上げ方をされ、そしてそれが話題になるという、弁護士を取り巻く環境が変わったということです。

一つにはまず、こうした形で弁護士が登場する場が現れたことが大きな変化というべきです。「バラエティ」という枠に登場し、より弁護士という存在をタレント化して使う方向です。その過程には、制作者側にそうした形での取り上げ方、「使い途」の発見があったのだと思います。「美人弁護士」という話題のなり方も、そうしたある種の意図で作られた場の提供の先に、必然的に現れてきている観があります。

そしてもう一ついえば、弁護士側の意識が変わってきたとも思います。こうした場に乗り出していくこと、タレント化されることへの抵抗感がない、むしろ積極的に乗り出していく弁護士が現れ出したということです。

今回話題になっている女性弁護士が、自らが「美人弁護士」として話題になっていることをどう受け止めているかは分かりませんが、この取り上げ方に対しては、およそ女性に対する評価として、むしろ眉をしかめる女性弁護士の方は少なくないという印象を持っています。

そうした見方そのものが古いのかもしれませんが、あるいはこうした登場の仕方を許容し、そこにも意義を見出す中で、弁護士が頭から拒否するようなテーマではないと考える意識が目芽生えているとも、話題は話題として放置する許容度が生まれているとも、とれなくはありません。

法律指南役でありながらも、バラエティとして制作者側がそれを料理する過程で、固くいかめしいイメージではない弁護士像は、当然想定されたのかもしれませんし、逆に、そう取り上げ得る弁護士の変化を読み取ったうえに、そうした企画が成り立ち得たという見方もできるように思います。

この変化は、どう受け止めるべきなのでしょうか。もちろん、同業者のなかには依然眉をしかめる方もいれば、ここに「身近な法律家」への一つの可能性を見出す方、さらにはどちらともいえずこの変化にただため息をついている方がいるようです。

おそらく多くの視聴者は、この状況を特段抵抗なく受け入れているように思います。むしろ、それが弁護士へのイメージを変え、いわば杓子定規に法律を振りかざす法律家のイメージとは異なり、自分たちと同じ感覚を持つ人間なのだと認識し出しているということなのであれば、可能性を見出している方々の見方に理があるように思えます。

ただ一方で、やはりこの理は表層的なものという見方もできなくありません。タレントはタレント、弁護士は弁護士であり、それを兼ね備えたキャラクターを登場させ、たとえ話題になったところで、それが弁護士への本当の期待感や社会的な役割にどれだけ貢献するのか、ということです。

法律バラエティというこの番組は、これまでのように法律指南役の弁護士が一人登場し、事案に対して論評するスタイルではなく、複数の弁護士を登場させ、そこに同じ法律家でありながら、いろいろな結論や対応が導き引き出せることが伝わるのが特徴になっています。

そこには法律判断に対する、従来市民が持っているイメージとは違う面もあることから、ある種の誤解を生むという見方と、現実を伝えるという見方での賛否両論があるようです。

弁護士という存在そのものについても、いろいろな人間がいることを社会に伝えることになっている現在のテレビ番組の先に、一体何が待っているのか、そこはやはり依然未知数です。

19　弁護士が激減した時代

一八九三年（明治二六年）の弁護士法（旧々弁護士法）施行以来、わが国の弁護士の数が、唯一激減した時期があります。昭和一〇年（一九三五年）の七〇七五人、一一年五九七六人、一二年五八一一人となり、戦前最後の統計である一三年には四八六六人にまで減っています。この転がるように落ち込んでいる弁護士の数は、一体、何を物語っているのでしょうか。

この昭和一〇年から一三年は、日本がまさしく戦時体制へひた走っていた時でした。昭和六年満州事変、七年上海事件、八年国連脱退、国内では七年の五・一五事件から一二年の二・二六事件へと軍部テロが勃発。全体主義が台頭し、労働・農民運動は衰退し、自由主義、民主主義は弾圧され、七年司法官赤化事件、一〇年美濃部達吉の天皇機関説事件が起こります。

不穏文書取締法、思想犯保護観察法などの弾圧法の制定。そして一二年盧溝橋事件で日中全面戦争が始まると、対米英戦もにらんだ国内戦時体制の強化は一層急務とされ、一三年の国家総動員法の成立へと至ります。国民の権利主張への圧迫は弁護活動を狭め、国策協力がそれに取って代わっていったのでした。

実は弁護士の数は、昭和一〇年までの過去一五年間で倍増していました。大正一二年（一九二三年）に帝国大学出身者が無試験で法曹資格を得る特権を失うことになったこともあって、大正一〇、一一年に大量の駆け込み組がいたこともあり、その後の国民の権利意識高揚とともに、年二〇〇人ペースで増加していました。

しかし一方で事件数は、逆に昭和五年を境に減り出し、同年の第一審新受件数約六万件が一〇年約五万件、一三年には約四万三〇〇〇件にまで落ち込んでいます。統制経済の強化によって弁護士の経済的基盤は崩れ出し、やがて増大した弁護士を支えきれなくなったのでした。

当時の弁護士の生活の窮状を伝える貴重な史料があります。日本弁護士協会が昭和五年三月に朝鮮、台湾、関東州を含む全国の弁護士五八九三人に対し行ったアンケート調査の結果です。それによると、驚くべきことに、回答者四二七二人中、実に六割近い二四三六人が「純収入が生活費に不足している」と訴えていました。これは、東京の弁護士だけをとってみても同じで、生活費不足者は全体の六六％に達していたのです（『東京弁護士会百年史』）。

弁護士が雪崩を打って減少する五年前に、弁護士の経済基盤は、既に事実上破綻していたことをうかがわせます。戦争に傾斜する国家において、いかにその経済基盤を含めて弁護士という存在が顧みられないかということ、むしろその方が都合がいいと思っているようにすらみえる国家の姿が浮かんできます。

さて、七三年後の弁護士会では、弁護士増員による経済破たんの不安がいわれています。状況も経緯も違うとはいえ、国策としての「改革」のなかでとられた弁護士の激増政策によって、弁護士の経済的基盤が崩れ、増員された弁護士を支えきれなくなる状況は、当時の状況に被せることもできなくはありません。

だとすれば、歴史はやがて弁護士の激減がやって来ることを教えているようにもとれますが、今回の国策は激増政策であり、それを無理矢理でも続ける以上、いつ終わるとも分からない「淘汰」といわれる過程が続くとの見方もできます。その過程での弁護士会は、外には会員の不祥事多発や「外れ」をひく市民からの弁護士の「質」批判、内には自治不要論、強制加入を負担と見る不満会員からの批判を受け、遂にその自治を手放し、国家の監督下に入る可能性もないわけではありません。

思えば、「改革」は弁護士たちの経済基盤について、「二割司法」といったキャッチフレーズがイメージさせたような、この社会の「眠れる大鉱脈」が支えるという触れ込みでした。しかし、「市民」を表看板にしたその国家戦略の「改革」が、本当は弁護士の経済基盤を顧みていなかったことが、もはや明らかになりつつあります。

結果として、そのことは誰に都合がよく、誰にしわ寄せが来ることなのか。そういう視点に立つ必要があることもまた、歴史が教えているような気がします。

第3章

日弁連・弁護士大増員路線の軌跡

1　日弁連が「三〇〇〇人」を受け入れた場面

「三〇〇〇人」という言葉から連想するものを弁護士界の人間に聞けば、いまやおそらく大半の人は同じことを挙げるのではないかと思います。いうまでもなく、司法制度改革審議会が最終意見書のなかで二〇一〇年ころまでの達成目標として掲げた年間の司法試験合格者数です。

ただ、時々この世界の議論を知らない人からは不思議がられます。弁護士の増員問題と絡み、年間「三〇〇〇人」が多いか否かが焦点になっているように見えることに、なぜ三〇〇〇人というラインが引かれ、そして、何をもって弁護士会がいったんそれを受け入れたのかということについてです。

市民の感覚からすれば、以前は五〇〇人だったと聞けば、激増政策であるのは分かっても、弁護士のニーズということであれば、三〇〇〇人が妥当なのか多いのかなんて、もちろん分かるわけがありません。そこを専門家が話し合った末に目標としたのではないのか、と。今になって、どうやらその専門家から異論が出ていることに、なおさらその疑問を持ってもおかしくはありません。

日弁連が初めて「三〇〇〇人」方針を受け入れる姿勢を示したのは、二〇〇〇年八月二九日、司法制度改革審議会第二八回会議での久保井一匡・日弁連会長（当時）の発言でのことと言われています。

この会議の席上、委員である山本勝・東京電力副社長（当時）が、当時の合格者一〇〇〇人を三倍にするという、この急増政策に危惧の念を示します。

規制緩和が進むなか、中規模の都市でも、郊外に大きなスーパーができると商店街が全滅するといった現象があるなか、弁護士の仕事は過疎化が進む地域で大丈夫なのか、経済社会は動くのか。行政指導というが、無理なことはやはり無理じゃないか。弁護士の受任率は都市部でも上がっておらず、司法の透明化や広告でこれが飛躍的に上がっていくのか——。

久保井会長の発言は、この懸念に対する回答として出されます。

「これ（三〇〇〇人）は弁護士会としても、国民の声をくみ上げた結果お出しになった数字として、これを真摯に受け止めなければならないと。そして、これを積極的に受け入れていかなければいかぬというふうに私としては思っています。それが大丈夫かというご質問ですけれども、私は十分に大丈夫だろうと思います」

久保井会長はこの時、法律扶助費の拡大、刑事被疑者弁護士制度への国費投入、破産事件の急増などを挙げ、「公的なニーズが非常にたくさんある」とし、三〇〇〇人は「十分に日本社会で吸収し得る」というはっきりとした見通しを示しています。

時系列的に見ると、実はこの発言のわずか三週間前の司法審集中審議第二日目終了後の記者会見で佐藤幸治・司法審会長は「年三〇〇〇人で概ね一致」を公表。そして、久保井発言の二カ月後の一一月一日、日弁連は約九時間に及ぶ臨時総会での議事の末、賛成多数で事実上、この方針を受け入れる決議を採択します。

しかし、三〇〇〇人案の火付け役は身内にいたという話もあります。久保井発言の半年前の同年二月二二日の第一三回会議で、中坊公平委員が提出した私案の中で示された「五、六万人程度の弁護士人口を目指す」、同年四月一一日第一六回での同委員の発言「フランス並みにするとしたとしても五、六万人」。一〇年でそれを達成することの逆算が年三〇〇〇人合格であったということです。

一〇〇〇人堅持を既定方針としていた日弁連が三〇〇〇人に踏み出す過程で、中坊委員―日弁連執行部の、いわば「連携プレー」があったようにも見えます。この時点で、「三〇〇〇人」に日弁連がカジを大きく切ろうとする確固たる意志が、日弁連執行部にあったとみることもできなくありません。そうだとすれば、ここの判断ミスが今に至る「三〇〇〇人」方針で日弁連が「共犯」関係になるきっかけであり、そうとらえれば、中坊委員らをいわば「戦犯」とみる批判が弁護士会内にあることも理解できる話です。

少し別の解釈もあります。司法審一三人の委員の中で、事実上たった一人の日弁連側だった中坊委員が仮に「一〇〇〇人」に固執しても、敗北は見えていたという見方です。さらなる法曹人口増を決定する可能性もあったなかで、それを封じるために、彼らはあえて「三〇〇〇人」に打って出たのだと。従って、司法審での日弁連の敗北は、既にその発足時に決定しており、中坊委員は「戦犯」でなく、いわば「敗戦処理投手」だったというのです（花水木法律事務所「日弁連はなぜ負けたのか？(4)」）。

ここは弁護士のなかでも、評価が分かれるところかもしれません。会員多数の決定による日弁連の方針選択であったとしても、そして日弁連主導層がいわば、次善の策としてこの方針を受け入れたという見方が仮にできるとしても、それで果たしてどのくらい彼らを免責することができるのか、疑問は残るように思います。

冒頭の疑問に立ち返れば、その答えはどうなるのでしょうか。いみじくもあの日、久保井会長に投げかけられ、そして同会長がそれに対して直接答えることがなかった山本委員の懸念は、的中しているとみることもできます。そのかわりに、この一連の流れのなかで見えてくるのは、「敗戦処理投手」説も含め、本質論ではなく情勢論で傾斜していった日弁連の姿です。

今、日弁連が「三〇〇〇人」問題の議論に「共犯」の立場で臨まなければならないのは、ある意味、弁護士らしからぬ議論と選択のツケとみることができるようにも思えます。

2　不安を引きずってきた増員優先の「改革」

「質・量ともに豊かな法曹を作る」ということが、今回の司法改革の一つの目標として語られてきました。法曹人口の増員も、新たな法曹養成の中核を担うことになった法科大学院のあり方についての議論でもこのことが言われます。

司法制度改革審議会の最終意見書には、こういうくだりがあります。

「今後の社会・経済の進展に伴い、法曹に対する需要は、量的に増大するとともに、質的にも一層多様化・高度化していくことが予想される。現在の我が国の法曹を見ると、いずれの面においても、社会の法的需要に十分対応できているとは言い難い状況にあり、前記の種々の制度改革を実りある形で実現する上でも、その直接の担い手となる法曹の質・量を大幅に拡充することは不可欠である」

法曹に対する需要の量的増大が示すところが、いうまでもなく数の不足です。それに対して、質に関していわれているのは多様化、高度化です。つまり多様な分野と高度なレベルに対応できることのようにとれます。

しかし、「改革」の理念がこのようなものであったとしても、「改革」当初から法曹界でこの二つの用語の使われる場面は、意見書の指摘とはいささか違っていた印象があります。それは既定方針となった数の増加に対して、いかに質を維持するか、落とさないかという話だったのでした。それはとりもなおさず、一〇年で司法試験の合格者を三倍にするという計画が、当然に法曹の質を脅かす危険があることを、法曹関係者の多くは警戒していたということでしょう。法科大学院関係者のなかには、旧司法試験で合格した現役法曹の質を声高に問題視する声もありましたが、法曹界の受け止め方は全体としてそうではなく、むしろより低下するおそれだったのです。

ここで登場していた質の話は、「社会・経済の進展」に対応した法曹のことではなく、むしろ現状の法曹の質をこの大増員計画のなかでいかに確保するか、ということだったと思います。それは、合格率の低さがいわれようとも、「なんとしても質は下げない」という裁判所関係者の言葉にも現れていました。

質・量とことさらにこれを並べて強調するのは、この「改革」がまず増員ありきで進むのではないかと見ているからで、現実もそういう形で進行していると思います。つまり、質をなるべく保ちつつ、量産を実現するということのようにとれたのです。

司法審のなかでも、この点はもちろん議論になっています。注目すべきやりとりが、二〇〇〇年八月七日の司法審集中審議の第一日目にありました。この日、仮に能力が欠けている場合を想定し、合格定員があっても、結果次第ではそれを大きく割り込んでいってもいい制度設計が法曹養成の基本ではないかという意見に対し、強力に法科大学院修了者の「七、八割合格」

の実現を主張しこれに反論したのが、弁護士側で参加していた中坊公平氏でした。

中坊氏はこう言い放ちます。

「量と質というのは常に決して両立しにくい概念だと思うんですよ、率直に言って。しかし、どちらを選ぶんだと言えば、私は今必要なのは量だと思うんです。今、日本で欠けているのは量だという意識がなければ、どっちかと言えば大義名分がいつもできてくるので、まず今、社会において何が欠けているかと言われれば、やはりそれを担っている弁護士の数が少な過ぎる、今おっしゃるように『社会生活上の医師』というにしては余りにもお粗末なことであるというところが、私は今の司法の病気の原因だと思います」

「まず先に人数ありきでは決してないんですけれども、しかし、あえて言うならば、私はまず量というものを相当程度重視して考えないと、この司法の抜本的改革はできない」

とにかく量であり、それが実現できる「七、八割合格」になるような制度にせよ、ということを言われていました。「七、八割合格」が一人歩きすることへの懸念はほかの委員からも出ていましたが、ご存知の通りこの数字は最終意見書に盛り込まれ、現実がこれを大きく下回った結果、「七、八割合格」は「詐欺的」といわれることになりました。

質・量といいながらも、この「改革」は法曹人口にしても、法科大学院を中核とする新法曹養成にしても、まず量が優先され、それを至上命令として進められてきたものといっていいと思います。

いまや法科大学院関係者から、質の低下はやむなしとして、とりあえず合格させ合格率を上げ、質は「淘汰」の論理で、といった声が聞こえてきます。

社会に実害を与える「質」はなんとしても維持し、その維持できるレベルで数は増やす、質を維持できないのであれば、養成者の責任で数はむやみに増やすことはしない――もともとの設計者の発想から、こういう制度ではないことが根本的な問題のように思えてなりません。

3 「改革」運動が描いた弁護士像

「今の日弁連は大進歩。以前は、弁護士を増員すれば質が落ちる、食べていかれないと言っていた」

二〇〇〇年二月一八日、東京・有楽町の読売ホールで行われた日弁連などが主催した「司法改革・東京ミーティング」でのパネルディスカッションにパネリストとして出席した経済界の人間がこう発言した時、会場からは笑いが起きました。

「裁判が変わる・日本が変わる　わが国司法改革のゆくえ」と題されたこの盛大なイベントは、作られた「改革」の熱狂、いわば推進派の「高揚運動」のなかで開催されました。

この時、経済界の人間が、以前の弁護士の言い分についてなかばあきれたように語り、その時点の弁護士を「大進歩」と持ち上げたのは、この時点で、弁護士・弁護士会が「改革」の同志として、今日まで続くことになる「増員」路線の協力者になったと認めたからです。

当時、この発言と笑いが起きた会場にいて取材した私は、記事にこう書きました。

「しかし、これは本当に笑いごとなのだろうか。ニーズはいくらでもある、といった『大鉱脈』論や弁護士の努力をいう精神論のいく末に、そんなに明るい未来を描けるのだろうか。三倍に弁護士が膨れ上がるのと同時に、国民の意識も変わり、今よりも格段のカネを司法に投入するようになるというのだろうか」

こう書いたのには、当時の推進派の議論もさることながら、当日の市民が押しかけたように見える大盛況と、この経済界の人間の発言で会場に広がった「笑い」に強い違和感を覚えたからでもありました。

当時、既に日弁連の司法改革運動の象徴であり、司法制度改革審議会委員であった中坊公平弁護士が、この集会と同じ月に司法審に提出した弁護士改革構想（「弁護士制度改革の課題――その二」）の中にこんなことが書かれています。それは二つの考え方に立つ弁護士像です。

「一つは、当事者性・事業者性を中心において、公益性を希薄化させる考え方。もう一つは、当事者性・公益性をともに追求しつつ、そのこととの関係で事業者性に一定の制約が生ずることを是認する考え方」

そして、彼は結論としてこう書いています。

「市民や社会が求めているのは後者であり、弁護士はこの道を進まなければならない」

私はこの二者択一で、本音はともかく、前者を胸を張って選ぶ弁護士はまずいまい、そして今後問題になるのはむしろ、公益性を追求するためにどう事業者性が確保できるかではないか、と当時これを取り上げた記事で書いていました。

現実は案の定の結果になりました。司法審委員ですら懸念した合格者激増の「受け皿」は確保できず、質が落ちる懸念も、食えなくなる現実も、全く笑いごとではありません。中坊弁護士がいったような事業者性を制約し、当事者性・公益性を追求する余裕はなく、事業者性の確保が問題となっているように思えます。

ところで、弁護士・弁護士会が経済界から「大進歩」という賛辞をもらうことができた最大の功労者である中坊弁護士は、どう予想していたのでしょうか。少なくとも弁護士激増のなかでも、事業者性に一定の制約が生じることを「意志的」に受け入れることで当事者性・公益性が追求できる弁護士像を描いているようにとれます。彼は、弁護士大増員時代が当然にもたらす膨れ上がる若手層が、彼のいう「べき」論に従い、「意志」をもってすればそういう弁護士になれると描いていたとみれば、やはり見通しが甘かったというべきかもしれません。

ただ、私の書いたこともまた、見通しが甘かったと思います。それは、激増政策の先には、中坊弁護士が挙げた二つの弁護士像のうちの前者が、「胸を張って」この社会に大量に登場してくるかもしれないからです。ビジネスと割り切り、競争と割り切り、淘汰に臨むために、国民の税金で養成されていない公的意識がより希薄な弁護士たちが、胸を張って国民の前に現れるということです。

激増の影響は想像できたことですが、その規模は想像以上だったというべきなのかもしれません。「改革」が描いた絵、そして、そこに描き込まれた大衆と弁護士たちの期待。それらをもう一度、描き直さなければいけないところにきています。

4　弁護士の出番が増える社会の描き方

今回の「改革」での法曹人口をめぐる論議では、法律家の間で「法の支配」とか「法化社会」といった言葉が度々登場してきました。この言葉は、なんとなく同じようなニュアンスを持って受け入れられているようなところがありますが、違いがあります。

「法の支配」という表現は、「社会のすみずみまで行きわたらせる」という文脈で登場し、あたかも私人間紛争を裁判所や弁護士が乗り出す社会を是としているニュアンスで流通していますが、本来、統治権力を拘束し人権を保障させるという意味ですので、誤用の疑いもあります。

一方、「法化社会」は、大衆側が法を基準として判断・行動し、紛争の解決を図る社会といった意味になります。大衆にそうした意識や知識を根付かせるということでは、いわれる「法教育」といったテーマとつながりますが、「社会のすみずみ」という文脈でいえば、「法の支配」の「誤用」の方の解釈とつながり、全体的として大衆が紛争を裁判所に持ち込んだり、弁護士を頼る社会が望ましい形として描き出されています。

「改革」がこれを目指すというからには、この描き方がどうしても前提として成り立たなければなりません。現在の日本が「法の支配」が行き届いていない、「法化社会」ではないということです。しかも法曹人口を激増させて「大きな司法」を目指すというのであれば、程度としてかなりの劣悪度を示す必要もあります。

そこに、司法が二割しか機能していないという「二割司法」や、それがイメージしている大量の泣き寝入りとか不正解決の存在が描き込まれているわけですが、少なくともその極端な見方については根拠性が疑われはじめています。もちろん大衆の認識としても、仮に泣き寝入りや不正解決の存在は認めても、「法治国家」である日本の現状をそこまで劣悪な環境として認識しているのかは、かなり疑わしいと言わざるを得ません。

その点からみても、既に「改革」は、その描き方の極端さから前提がぐらついている観があります。

ただ問題は、この大量泣き寝入りと不正解決の不存在だけではないとの見方もあります。

「仮に『法化社会』の言葉が『皆が約束事を守る社会』のことを言うならば、法曹、なかでも弁護士を増やす必要などまったくない。なぜなら、人々に約束事を守らせることが、弁護士の仕事ではないからだ」

安倍改造内閣と福田内閣で法務副大臣を務めた河井克行衆院議員は、その著書『司法の崩壊』

（ＰＨＰ研究所）の中でこう書いています。つまり、日本の法曹界が目指す「法化社会」とは、実は大衆が法という「約束事」を守る社会とは別物ではないのか、というのです。

では何か。それは、「約束事がたくさんある社会」だというのです。

「社会の約束事が増加し、細分化が進んでいけばいくほど、『約束事が約束事を生む』世の中になっていく。なぜなら、たとえばある違反行為を裁くうえで約束Ａ、Ｂ、Ｃを適用させようとしたとき、それぞれどんな場合に適用するかを規定する、さらに細分化された約束事が必要になるからだ」

「そのため、『約束事が増加し、細分化が進んだ社会』では、国民のそれぞれにとって、その約束事に足をとられないように、その約束事を熟知する専門家から法的なアドバイスを受けることが必要になるのであり、そこでは法曹の存在がより重要になってくる」

つまり、これが「法化社会」という「弁護士をはじめとする法曹の仕事が増える社会」だというわけです。もちろん、約束事の増加と細分化は、国民の自由と引き換えに進行します。

これはどう考えるべきでしょうか。あるかどうか疑わしい大量の泣き寝入りと不正解決を描き出すことと同様に、これは環境を作るという意味で、弁護士をはじめとする法曹の出番と仕事を作ることが目的化しているようにもとれます。

「市民のための改革」といいながら、果たしてこのことを大衆が理解し、了解しているのかが問われるべきだと思います。

5　日弁連「改革」史観の神髄

二〇〇二年四月から二年間、本林徹・日弁連会長の執行部で事務総長を務めた大川真郎弁護士が書かれ、朝日新聞社から二〇〇七年に出版された『司法改革——日弁連の長く困難なたたかい』という本があります。

二〇〇一年の司法制度改革審議会最終意見書を受け、政府の司法制度改革推進本部が中心となって「改革」が具体的に進められ始めた時期に日弁連執行部の中枢にいた人物だけに、この本も、「改革」がいかに日弁連主導で進められてきたかを強調する、いわば日弁連の「改革」史観に貫かれた代表的な一冊といえるものです。

あとがきにこんな表現が出てきます。

「日弁連が司法改革をいち早く提言し、推進しなければ、改革の着手は遅れたかもしれない。しかし、仮に日弁連の積極的な行動がなかったとしても、いずれ司法改革は実現したと思われる」

日弁連が実行しなくても「改革」は行われていた、と。彼がここで何をいいたかったかといえば、実は今回の「改革」への日弁連の影響力でした。つまり、わが国の政治、経済、社会システムの見直しが進む中で司法だけが改革されないことはあり得ず、「改革」は歴史的必然だった。しかし、「日弁連が司法改革にこれほどの取り組みをしなかったとしたら、できあがった改革の中身は相当違ったものになっていた」と。

では、その違いとは何なのか。ここに日弁連の「改革」史観の神髄があります。

「日弁連の目的は、すべての人々が個人として尊重される社会を目指し、そのために『法の支配』を社会の隅々にまで及ぼすことにあった」

「この点で日弁連が牽引車としての大きな役割を果たしたからこそ、抜本的な改革がなされ、『市民のための司法』がここまで実現したといってよいであろう」

神髄といったのは、日弁連の手によってこの「改革」が、「市民のための」ものになったという見方です。いずれにしても起きていた「改革」、それは言い換えれば、規制緩和の波の司法への影響ともいえますが、その流れのなかで日弁連の影響が結果に反映していることになります。

ただ、大川弁護士の一文は、現在の日本に立ってみれば、いささか虚しい感じすらします。それは、本当に「改革」が「市民のため」なのかという疑問が、「改革」が形になるほどに膨らんできたからです。裁判員制度、法曹人口増員、新法曹養成、いずれも当初の主張と違う「改革」に日弁連は賛同し、それが結局問題を引きずっていたり、また壁にぶつかっている。ここに日弁連の影響力を見る大衆はどのくらいいるのでしょうか。

むしろこの直後の一文に、大川弁護士が図らずもはっきり真実を語っているととれるところがありました。

「日弁連が、司法改革に背を向け、あるいは最高裁、法務省・検察庁だけの改革を求め、率先して自己改革をはじめていなかったとしたら、おそらく外のつよい批判を受け、その結果、到底容認できない弁護士制度改革さえなされたかもしれない」

日弁連が率先して自己改革に進んだのは、「外のつよい批判を受け」ることを恐れてのことだったのではなかったのかということです。結果は、「最高裁、法務省・検察庁だけの改革を求め」たというよりも、弁護士自身が強い自己反省に基づいてなされた「改革」だけが着実に実行されることになり、日弁連が率先していなければ、「到底容認できない」ものになっていたというのが虚しく聞こえるほど、今、弁護士自身が納得できていない「改革」が現実のものになっています。

「改革」の現状を直視すれば、日弁連の「改革」路線とともに、その史観も見直さなければいけないところにきているように思います。

6 「改革」蜜月を示した一風景

『犬になれなかった裁判官』というタイトルの本をご存知でしょうか。二〇〇一年にＮＨＫ出版から出されたこの本は、元裁判官の安倍晴彦弁護士が、三六年間の裁判官人生を振り返り、裁判官・裁判所の実態を明らかにしたものでした。

サブタイトルに「司法官僚統制に抗して36年」とあるように、最高裁判例を覆した判決や青年法律家協会活動などの体験談を通し、官僚的な裁判官制度の現実を鋭くえぐり出した数少ない一冊でした。「犬になれなかった」という刺激的なタイトルも話題になりましたが、そんな司法官僚制度の圧力に抗し、「人間らしく」自由で独立した判断をし、行動する裁判官として、筋を通した安倍弁護士自身の思いが込められていました。

この本の初版には当時の久保井一匡・日弁連会長も推薦文を寄せ、安倍弁護士を「良心的な裁判官として筋を通した」人物と評し、そこに書かれていた官僚的裁判官制度の実情に驚き、「(この本で) 司法の現状が一日も放置できない状態に置かれていることを知っていただきたい」と絶賛していました。

ところが、この本がちょっとした「事件」に発展します。当時それを知ったのは、入手したある一通の書面からでした。それは最高裁事務総局総務局長名で全国高裁長官、地家裁所長に宛てられた、この「犬になれなかった裁判官」という本に関する「通達」でした。

そこには大略、以下のようなことが書かれていました。

①日弁連執行部から連絡があり、日弁連会長の推薦文の経緯が明らかになった。

②それによると、原稿を一読して推薦文を書いた久保井会長は、このタイトルが判明した時点で、「このような表題は、裁判官を誹謗中傷するもので、全国裁判官にとって許し難い」と

して、NHK出版にタイトル変更、推薦文の要約の入った帯紙と推薦文の削除を要求した。
③NHK出版は在庫分、店頭販売文の帯紙、増刷分の推薦文を削除することを了承した。
④各庁の裁判官から問い合わせがあった場合、こうした経緯を伝えて差し支えない。

当時、NHK出版に取材したところ、確かにこのようなやり取りがあり、帯紙と二版からの推薦文削除を実施したということでした。まさかこのタイトルで推薦文削除まで要求されるとは思っていなかった出版社としては、この対応に全面的に納得しているわけではありませんでしたが、「今回は私どもが、事前にタイトルをみせていない落ち度もありましたので」という説明でした。一方、著者の安倍弁護士は、「りっぱな推薦文を頂いて喜んでいたのですが」と、落胆している様子でした。

久保井会長自身が納得のいかない推薦文の削除を求めるのは、もちろん自由だともいえます。ただ、実はこの前年、別の件で最高裁からクレームがつく「事件」もありました。対象は、日弁連機関誌『自由と正義』四月号の久保井会長のあいさつで、この時も日弁連執行部が事態を最高裁側に説明、「不適当」と認め、今後の「配意」まで約束していました。そこで問題になったのも、会長あいさつ文中の「最高裁事務総局の人事支配下」で裁判官が「事実上独立を阻害されている」という表現が、「現場の裁判官を傷つける」というものでした。

その後、こうしたやりとりが最高裁と日弁連の間であったという話を聞きません。この二つの「事件」は、当時の時代背景と結びつけて考えることもできるように思います。「事件」があった二〇〇〇年、二〇〇一年という年は、司法制度改革審議会が開催され、司法改革の骨格が固まり出すとともに、法曹三者を含めた「オールジャパン」体制が固められていったころです。

官僚的裁判官制度というテーマをめぐる二つの悶着の火種への両者の極めて神経質な対応と、日弁連側の対決回避の姿勢のなかには、そうした政治情勢での場外乱闘を避けたい意思が読み取れるように思います。現に当時この取材の中で最高裁側から聞こえてきたものは、対立とは逆の日弁連執行部との「良い関係」を強調する、「改革」に向けたまさに蜜月を感じさせるものでした。

今にしてみれば、およそ従来からの日弁連のスタンスからすれば、当然主張されていたはずの官僚的裁判官制度に絡む主張さえもし切れないムードのなかで「改革」論議が進められていたことを、「事件」が教えてくれているような気がするのです。

7　「在るべき法曹像」という議論の行方

「改革」論議のなかで度々登場してきた「在るべき法曹像」とは、一体何なのかと思う時があります。この疑問は、法曹の在るべき姿がどういうものかという、おそらくこのテーマが想定しているであろう具体的な中身のことではありません。「在るべき」とは一体何を指し、何を議論しているのでしょうか。

「在るべき」とは、誰にとってかという問題があります。多様化するとくくられる法曹の役割にあって、具体化しようとすればするほどそれは問題となります。いくつもの立場から、求められている姿についての共通点を見つけ出すという話なのか、それともそのいくつもの像をここで列挙するという話なのか。

「社会が必要とする」とくくられるほどにそれは抽象的になり、共通項を持つ全く違う像が浮かび上がるかもしれませんし、いくつもの像の列挙は、むしろ探らなければ分からない共通項を秘めて、その違いだけを浮き彫りにするように思えます。最低限クリアすべき法曹の条件ということになってしまえば、社会がそれぞれの場面で期待する姿の話ではなくなってくる感じもあります。

一〇年前に司法制度改革審議会という場でくくられたそれは、果たしてどう解釈されるべきだったのか、あるいはそれに向かって構築された制度が今抱えている問題を考える時、そのことを問うのか問わないのかで、当然、今後の議論も変わってくると思えるのです。

「給費制」問題に一区切りをつけて、法曹養成全体の問題へ、議論の第二ラウンドに入った二〇一一年一〇月二四日の「法曹の養成に関するフォーラム」第六回会議でも、この「在るべき法曹像」が取り上げられました。全体的な印象としては、司法審の理念的に描いたものをどこまで再検証するのか、そのとらえ方も含めて、どこに誤りがあり何を「反省」するのか、どこまで仕切り直す議論にするのかといったことは見えてきませんでした。

今回の会議では、例えば委員からこの一〇年間のとらえ方として、いわば「お任せ司法」が変わっていないことが指摘されました。法曹の取り扱う事案が高度・専門化するなかでむしろ国民と司法が遠ざかったという見方、少子化や高齢化、人の海外流出といった現状から考えて、当時、想定した社会と現状は一致しているのかといった問題提起です。その半面、司法審ビジョンを擁護する意見、法科大学院制度を含め基本的方向を正しいとする意見が出されています。

このなかで、委員である鎌田薫・早稲田大学総長はこう語っています。

「私自身はこの法科大学院制度をつくる段階で、法科大学院を通じて養成しようとしているのは、法曹資格者なのか、優れた法律実務家なのかというところの議論が必ずしもきれいに整理されていないのではないかということを疑問として持っていました」

この点が論者によって考えが違うのです。今後議論する職域の拡大というのも、法曹資格者の職域を考えるのか、優れた法律実務家が求められている職域を考えるのか。あるいは司法試験の合格水準としても、どういう法曹像に見合った試験科目・試験内容・合格水準なのか。ここが変われば法科大学院の教育の質の目標も変わりかねない、としています。

法科大学院関係者として正直なご意見と思いますが、散々取り上げられてきた印象がある「在るべき法曹」というものが、実は法曹養成という観点で具体的にどういうものをどこまで射程にするのかが定まらず、鎌田委員がいうようなおよそ基本的な共通認識に立てないまま法科大学院がスタートし、ここまできたことをうかがわせます。結果、多くの理念を掲げながら、司法試験合格率が評価を決めるといういびつな構造になっているのが現実です。

さらに、鎌田委員はこう続けます。

「現在の司法試験は、どちらかと言えば判定の基準から言うと、やはり伝統的日本モデルの法曹を養成していこうという路線で行っている。そうだとすると、今後三〇〇〇人合格を目標にするというのは、アメリカまでいかないけれども、それに近づけたモデルを想定して法曹人口論を展開しているのか、あるいは伝統的日本型法曹像をモデルにして、しかしその数をもっと増やしていかなければいけないということで議論しているのか。そこのところが私の感覚では必ずしも意見の一致がないところに、法曹人口論にしても、職域論にしても、議論のずれがあるのではないかなということです」

実は法科大学院修了者について、必ずしも法曹資格者ではない形を含め、社会で活用されることを想定していたとする見方、さらには「隣接士業」といわれる弁護士周辺士業の役割の位置付けをどうみるかによって、年三〇〇〇人合格という目標の意味付けは違ってきます。

ただ、これもまさに「在るべき」論ではなく、現実を基準にしなければなりません。「伝統的」というもの以外のモデルが、どれほどの「受け皿」なのか、そもそも現にあるニーズではなく、そこにどこまで現実的な「開拓」という発想を込めているのか、さらに周辺士業の存在をどこまで算定して弁護士の数を考えているのかというテーマを、当然考えなければなりません。

「社会のすみずみまで」法曹が登場するような描き方が、「在るべき」像のなかに描き込まれている限り、ともすれば、これはまた見誤る点だと思います。

「フォーラム」が今後、どこまで司法審の「理念」の呪縛から解き放たれてこれらのテーマを議論できるのか。委員から次々と、まずその「正しさ」をいう言葉が連なるのをみると、やはり不安なものがあります。

8　対司法官僚制度としての「法曹一元」の挫折

弁護士会の長年の悲願であり、弁護士に関して、その実現への期待が今回の司法改革の推進力につながったという見方もある「法曹一元制度」。弁護士の経験がある者から裁判官を採用するこの制度について、かつて弁護士界内の論者のとらえ方は、司法官僚制度に対する「対立物」というものでした。つまり、司法官僚制度を打破するためのものということです。

これはどういう前提のもとに言われていたのかといえば、それは弁護士経験の優越性という考え方です。つまり、現行制度の裁判官任官者は、若くして裁判所に入り、その狭い組織のなかで昇進していくのに対し、弁護士は国民のなかにあって経験を積んでいる。前者は国民と切り離された権力機構のなかで育ち、後者はその権力と対峙する立場で国民の諸要求を司法の場で実現していく経験を積みながら能力を高める、と。

かつての弁護士会の法曹一元論者は、この考え方から、弁護士を相対的に民主的な法曹と位置付け、それがゆえに官僚裁判官制度の改革だけでは足りないという主張にもなったわけです。

しかし、仮にこの優越性という立場に立ったとしても、この考え方には、弁護士側から見ても一つ決定的な問題がありました。それは弁護士という存在の多様性です。つまり、かつての反権力的なムードが強かった弁護士会のなかにあっても、弁護士には多種多様な人間がいて、必ずしも反権力的でもなければ、官僚司法打破という問題意識の人ばかりではなかった、ということです。

だとすれば、前記司法官僚制度の「対立物」として構想される法曹一元には、現実問題として、弁護士としての経験がある者だけでも足りず、そうしたそれなりの意識を持った弁護士でなければならないことになるのです。

このことが、弁護士界内の法曹一元論の一つの課題であったことをうかがわせる記述が、一元論の理論的指導者の一人だった松井康浩弁護士の著作『司法政策の基本問題』(勁草書房)の中に書かれています。

この本が書かれた一九八六年ころ、全国約一万三〇〇〇人の弁護士の約一〇%弱が「大企業に依拠して生活」しており、中でも経営法曹と呼ばれるグループは労働事件の経営者の代理人となっている関係で「反労働者的意識をもちやすい」。一〇%強は労働者側弁護士で「反大企業経営者意識をもちやす」く、その他八〇%がいわゆる市民弁護士としたうえで、松井弁護士はこう分析しています。

「弁護士の意識は、依拠する階層の意識によって大きく影響を受けるが、それだけでない。権力に対しては、在野的抵抗意識と要求実現のための卑下意識のはざまで矛盾に悩む場合があるが、依頼者層に対してもまた、法律を扱う専門家としての権威的対応と報酬支払者に対する迎合というはざまの矛盾的存在といえる」

「このような生活基盤の多様性、取扱い事件の多様性に加えて弁護士自身の経済力、家庭経済生活が、さまざまであることから弁護士は、権力的、反権力的、ブルジョア的、労働者的など、多種多様である。こうした現実をふまえて、裁判官にふさわしい弁護士経験とは何か、裁判官としての能力とは何かが検討されなければならないのである」

ここで示されているのは、司法官僚制度の「対立物」として位置付けられた法曹一元制度の根源的な課題です。松井弁護士もこの本で認める通り、この本当の目的を達成するには、制度としてそれが実現することと同時に、この目的にふさわしい弁護士を弁護士会側が養成しなければならない、という現実を背負うことになるのです。

全裁判官を弁護士から選任するという形を作るに当たって、このことが極めて現実的には困難であることを、実は多くの弁護士は気付いていたのではないかと思います。一定の弁護士経験を経由するなかで、弁護士としての経験と意識を高めた人間が、そののちにその間に築いた実務の環境を投げ打って任官するということは描きにくい。その正しさは、のちの弁護士任官の実績を見ても分かることというべきかもしれません。

それもさることながら、やはり大きなネックは弁護士の多様性だったと思います。多様な立場の弁護士がいて、さらに時代が彼らに多様性を求めているなかで、司法官僚制度の「対立物」として反権力的なスタンスの弁護士によって実現する法曹一元というものが、少なくとも「改革」論議前夜の一九八〇年代当時の大多数の弁護士の共通認識としては、既に成立し得なかったのではないかと思えるのです。

結果、悲願は悲願、理念は理念として「法曹一元」という文字は掲げられながらも、それは弁護士任官制度が取って代わり、やがて文字としてもかすんでしまったように見えます。あるいは、こういう結果になることを、官側はとっくに見抜いていたようにも思えるのです。

「改革」は弁護士に多様性を求め、そのための数の必要性を突きつける形になりました。経験に培われた反権力的精神をもって裁判を変革するという意識からも、弁護士はさらに遠のき、経済的に追い込まれるなかで、まずは生きていくための仕事、さらには松井弁護士の描いた「報酬支払者に対する迎合」に走る若手の存在までが言われ始めているのが現実です。

「法曹一元」の挫折と、それが遠のく現実のなかには、やはり等身大の弁護士の姿があるように思えます。

9　弁護士激増「想定内」シナリオの存否

法曹人口の激増政策の現状に対するとらえ方は、大きく分けて三つあると思います。

一つは現在、弁護士会内の多くの人間が思っているように、年間三〇〇〇人合格という司法審の目標は完全に破綻しているという見方。二〇〇一年の司法審意見書が描いているような、法曹人口はわが国の法的需要に十分対応しておらず、法曹需要が量的に増大し、質も多様化高度化するために法曹人口増加は急務という見通しは、大きく外れたということです。

弁護士過疎対策だとか、被疑者国選や裁判員制度といった需要はあったとしても、過払い返還請求も収束に向かうなか、その他の事件数は減少傾向にあり、期待されている企業など組織内弁護士の数も伸びてはいても、一気に大きな「受け皿」になるとの見通しもない。地方需要にしても、過疎対策に見通しがつき、地方都市部でも飽和状態との声もある。したがって、顕在的需要もなければ潜在的需要も期待できず、少なくとも現状から、この激増政策はやめるべきという意見です。また弁護士が増えたことで、これまでのような新人の法律事務所でのＯＪＴ確保が難しくなるといった「質」にかかわる実害も指摘されます。

もう一つは、こうした現状を当時、予想できなかったものとして認めながらも、基本的には、増員路線でいけるとする見方です。「受け皿」は弁護士の努力によってもっと開拓できるし、地方にもまだまだ需要はある。依然として潜在的需要はあるのだ、と。

この立場は、一つ目の認識に立つ激増反対論、とりわけ弁護士会の慎重論に対して、経済的な自己保身とするようなニュアンスの批判をし、無理な増員政策による負の影響、「質」を含めた国民への実害をいう見方から極力目を背けるという特徴があります。「質」は競争によって担保されるという見方もくっついていたりします。一応、経済界、大マスコミ、法科大学院関係者がこの立場になります。

微妙な解釈をしているのが、実は日弁連執行部です。一番目の現状認識を一部共有しながらも、潜在的需要については期待を捨てていませんし、宇都宮健児会長も新聞紙上で、増員のペースダウンを言いながらも、司法審が掲げた法曹人口五万人は合格者数を現状より減らしても達成できる、裁判の数、企業で働く弁護士の採用状況を見ながら増やせばいい、などと発言しています。見方によっては、潜在的需要論と司法審の増員路線を基調としていることからすれば、二番目に近いと解釈することもできます。

大きく分ければ、この二つの意見の対立です。そこに、実はもう一つの見方があるのではないかと思えます。

ポイントは、二番目の見方の「予想できなかった事実」というところにあります。どういうことかといえば、この法曹人口についての需要不足、現在の弁護士会の混乱は「予想できたこと」、もっといえば、それを含めたシナリオを描いていた人がいた可能性です。

司法審という表の議論を見るだけでも、「二〇一〇年ころ三〇〇〇人達成」には、経済界の委員を含めて需要において疑問視する見方があり、実はそれに対して増員方向で背中を押したのが弁護士側委員らであったという事実があります。

今日の状況は予想できたとすれば、この状態が続くことでも実が取れる人たちがいることをうかがわせます。つまり、大量の弁護士を支える「受け皿」とか潜在的需要がないことは百も承知で、それでも競争させること、さらにはこの過程で、弁護士の社会的経済的地位を下げ、膨大な弁護士数ではなくていい、ある程度の数の「使い勝手」のいい弁護士をしっかり確保できる環境を作りたい方々、またそれが可能な方々が、きっちり予想図を描いているという見方です。

実はこの方々は、表向き二番目の主張をしている可能性があります。嫌な言い方をあえてすれば、二番目の方々の裏の顔、もしくは本性ということになります。

もし、この見方が当たっているとすれば、二番目の考え方に基づく「改革」が進行し、その予想が外れた場合に、三番目の考え方の人の目的が貫徹されるということになります。そしてその場合は、本当の意味で、この「改革」が「市民のため」「国民のため」のものではなく、違う目的を持った方々のものであったことがはっきりするということです。

「改革」のあり方が改めて問われはじめる時、まず、こうした見方に立つのか立たないのか、そこが最初の分かれ道になるように思います。

10 「改革」批判を躊躇する若手の心情

法科大学院出身の弁護士たちが、今の新法曹養成や増員問題をどう考えているのかということには、大変興味があります。ただ、当たり前のことですが、年間二〇〇〇人からなる新人弁護士たちは、考え方も抱えている事情、状況もさまざまです。

ついひとくくりにして、「新人類」的な視線をおくってしまうことは厳に慎まなければいけないと思います。それでは、弁護士界を外から見ている人間の一部が、たまたま自分が出会った弁護士との関係での思わしくない結果をもとに、「弁護士なんてこんな奴らだ」と言っているのと変わらなくなってしまいます。

最近、そうしたことを感じることがありました。ネットに登場している法科大学院出身の若手弁護士たちの司法に関する発言を目にしていると、ついそうした声を他の若手弁護士たちから聞けるような気持ちになっていたりするのです。

ネット上では、若手からも弁護士激増政策への批判、給費制の存続、法科大学院のあり方への疑問、さらには司法修習の不要論に近いものまで目にすることがあります。さらには、弁護士会の会費を含めたあり方への不満、強制加入や自治に関する率直な意見に触れることもあります。

しかし、これまた当たり前のことかもしれませんが、こうした意見をネットで堂々と表明している若手は、おそらく多数派ではありません。多くの若手は、本音はともかく、こうしたことについて表だって意見を述べたりはしていません。

それは、もちろん一般的な新人としてのわきまえ的な意識をあてはめることもできるとは思います。「まだこの世界に入って間もない自分が」とか、「半人前でえらそうなことはいえない」とか。基本的に独立した自由業であるといっても、弁護士にだってそういう気持ちはあります。

ただそれ以上に、複雑な感情をみることがあります。例えば、増員政策についてどう思うかと尋ねた場合、こういう趣旨が回答に込められるときがしばしばあります。

「私たちはその増員政策のおかげで弁護士になれたかもしれないので……」

つまり、増員によって枠が広がった中に入った一人、その恩恵を被った立場かもしれない、という意識です。それゆえに、この増員政策に疑問を感じ、あるいは弁護士になった後、もろにそのしわ寄せを受け、批判したい立場にありながら、批判に躊躇を感じる若手もいるということです。

それは法科大学院制度についても、同じことがいえます。あり方の問題点を引き出そうとしても、そこを経て弁護士になっている立場からすれば、同様の躊躇もあり得ます。

もちろんこの点については、学校によって受けてきた教育内容のバラつきもありますし、合格上位校・下位校でもかなり事情が違います。上位校で合格し弁護士になっている若手ほど、そうしたものが働くかもしれません。

それでも、おカネと時間がかかる制度であること、合格しないというリスクがあることは彼らが一番分かっていることです。それがこの制度の欠点という認識も一致しているようです。ただ、それがなかった時代の話をいくらされても、とにかく法曹にならなければ始まらないと考えた彼らは、苦労の度合いはさまざまであっても、ただ目の前にハードルがあったから越えたまで、ということでもあります。

不満の声を聞き出そうとしても、やや淡々とした答えが返ってきてしまうような感じを持ってしまうのは、そもそもこちら側の認識の問題なのかもしれません。

冒頭に書いたように、もちろん一概には言えません。躊躇を覚えた彼らも、もちろん今度は一弁護士の立場で、司法の問題を見ていくことになるわけで、彼らの発言もまた変わっていくとは思います。

しかし、法科大学院出身弁護士の置かれた立場を考えると、よりマイクが向けられていいのは、さまざまな時点・段階でこの制度のために法曹志望断念に追い込まれた人々と、やはりそういう制度を構築し維持している側、彼らの前に新しいハードルを作った側の方たちであることを改めて強く感じます。

11　根拠なき「改革」という認識

二〇一一年一〇月一日に行われた日本民主法律家協会の司法制度研究集会のパネルディスカッションで、会場から鈴木秀幸弁護士がパネラーに対して、興味深い次の二点の質問を投げかけました（『法と民主主義』二〇一一年一一月号）。

「今回の司法改革がほとんど裁判所の改革にならなかった理由はどこにあるのか」

「裁判所の改善・改革のために今回の合格者大量増員と法科大学院創設は何か役立つことがあったか」

おそらく「改革」の現状に対して首をかしげている多くの弁護士が持っているであろう疑問を、ストレートにぶつけたといっていいと思います。裁判所の「改革」が欠落している感覚、それ以上に、当初いわれていたそれが尻つぼみとなり、気がつけば弁護士の「改革」がいわれ、突きつけられているという感覚を多くの弁護士が持っているからです。

この質問の一問目には、今回のパネラーで、日弁連司法改革実現本部本部長代行を務め、日弁連の改革路線の中心にいた宮本康昭弁護士が答えています。彼は裁判官制度の改革が進まなかった理由は非常に明瞭だとしてこう述べています。

「つまり、司法制度改革審議会の発足当初、その以前から、最高裁はずっと一貫して、裁判所の側に改革すべきものは何もないという態度で来ていました」

宮本弁護士は法務省も同様に、検察官制度について改革すべきものはない、という姿勢であり、かつ最高裁は「改革すべきものがあるとすればそれは弁護士制度である。司法改革の問題性は、弁護士改革の問題である」とずっと言ってきている、としています。

後半の質問には、やはりパネラーである戒能通厚・早稲田大学名誉教授がこたえています。彼の言っていることもまた明瞭です。

「司法審が言っていることに、いかにエビデンスがないか」

エビデンスつまり科学的根拠がない、と。彼は「これが今度の司法改革の一番の問題点」と思うとしています。具体的には①法科大学院修了七、八割が受かるような法曹がなぜいるのか、そういうニーズがあるのかの調査をせず、七、八割合格に大学側が飛びつき、法科大学院が乱立した②これは今回の司法改革と司法審意見書を象徴しており、全部目分量、空想的な計算に基づいている③全員司法試験に受かるわけではないのに何のために法務博士を作るのか、受からない人は一体どうすべきかシミュレーションをやるべきで、学生がもろに被害を受けている――。

鈴木弁護士の質問は、合格者大量増員と法科大学院が裁判所改革に役立っているかどうかでしたが、役立つどころか、そもそも両方とも「改革」を現実化する根拠がなく始めたことだという話です。

これまでの経緯を知らない一般市民の方のなかには、「改革」の中心にいた弁護士や、専門家である学者の口から出る「改革」に対するこの総括について、耳を疑う方もおられるかと思います。しかし、これが現実なのです。

ここでもう一つ、見落としてはいけないことがあります。日弁連は一体、この「改革」に何を見て、弁護士会員に呼びかけてきたのかということです。今回示されている見解を見ても、裁判所改革には、もともと裁判所が消極的であったために実現されず、法科大学院制度を中核とする新法曹養成を掲げた司法審最終意見書の路線は、もともと科学的根拠がなかったという話です。

宮本弁護士は裁判所制度の問題に対し、日弁連や市民グループがなんとかこじ開けようとしてきたと、その努力のほどを言い添えていますが、むしろそこは鈴木弁護士が質問とともに言及した点が重要です。つまり、日弁連は一九九〇年の第一次司法改革宣言の翌年の第二次宣言で、弁護士の自己改革を強調し、その後の七、八年の司法改革運動は裁判所の批判を抑えて協調路線がとられ、日弁連から会員に対するメッセージには、裁判所の問題点、法曹一元がなぜ必要かということがほとんどなかった、と。

弁護士改革がいつのまにか「司法改革」の主眼とされ、やがて「登山口」などと表現する言い方が弁護士会の中で聞かれましたが、鈴木弁護士は「法曹一元」も弁護士・合格者増員を正当化するために持ち出された印象があるとしています。

「改革」の現実とともに、この日弁連が取ってきた「改革」への姿勢そのものに、まず日弁連会員は疑問の目を向けるべきだと思います。

料金受取人払郵便

神田支店承認

3907

差出有効期間
平成25年５月
31日まで

郵便はがき

101－8791

507

東京都千代田区西神田
2-5-11出版輸送ビル2F

共栄書房　行

お名前《ふりがな》 お電話
ご住所（〒　　　　　　　　） （送り先）

◎新しい読者をご紹介ください。

お名前 お電話
ご住所（〒　　　　　　　　）

愛読者カード

このたびは小社の本をお買い上げ頂き、ありがとうございます。今後の企画の参考とさせて頂きますのでお手数ですが、ご記入の上お送り下さい。

書名

本書についてのご感想をお聞かせ下さい。また、今後の出版物についてのご意見などを、お寄せ下さい。

◎購読注文書◎

ご注文日　　年　　月　　日

書　　名	冊　数

代金は本の発送の際、振替用紙を同封いたしますので、それでお支払い下さい。
（３冊以上送料無料）
なおご注文は　FAX　03-3239-8272　でも受け付けております。

第4章　弁護士自治はどこへ行く

1　弁護士会が強制加入であることの意味

弁護士は、弁護士会に所属しなければ仕事ができません。だから弁護士である以上、各府県に一つ（東京は三つ、北海道は四つ）ある弁護士会のどこかの会員で、かつ弁護士の全国組織である日本弁護士連合会の会員であり、またそうであることを義務づけられています。

このことを市民の方は意外と知りません。司法試験に合格して資格を取得すれば、別に弁護士会に所属しなくても開業できると思っている人も沢山います。

弁護士会が強制加入であることは、弁護士の非違・非行の監視という意味合いがあります。弁護士会に与えられている強力な自治権の根幹である懲戒権、これを機能させるためにも、弁護士が全員弁護士会に所属し、その監視が行き届くことが望ましいということです。会員が相互で監視する体制という言い方もできます。もちろんこれは、市民社会にとっても意味のあることだということになります。

しかし、国民がそうした強制加入の意味合いを理解し賛同しているのかは、疑問に思うことがあります。つまり、弁護士が弁護士会に所属することがその品質保証であると大衆がとらえている現実が果たしてあるのか、ということです。

もし強制加入でなければ、この国には弁護士会所属弁護士と非所属弁護士が存在することになります。そうなれば所属弁護士は、それがメリットと考えれば、「東京弁護士会所属弁護士」などと名刺や事務所の看板でうたうかもしれない。そして大衆は「やっぱり会所属弁護士は安心ね」とその門をたたく。非所属は弁護士会の監督外なので、いわば品質保証マークがなく、大衆は自己責任でそれを選択することになる。ただし、弁護士会の品質保証が有効と大衆が認識していればの話ですが。

強制加入を必要とする発想は、この国の弁護士のあり方として、こんなような形は望ましくないという方向だろうと思います。弁護士会の自治は、権力の介入を受けないためのものであり、また、その自治を守るためには懲戒権が機能しなければならず、そのためには、強制加入によって弁護士を監督し、玉石混交を許さないというところでしょうか。

ただ、弁護士会所属・非所属の制度に大衆がノーを出すかどうかは別の話です。弁護士という公的資格以上に、大衆は積極的に弁護士会への強制加入を求めるのでしょうか。今、弁護士会に弁護士が所属していることの意味合いを大衆がどう受け止めているか、品質保証の有効度

にかかっているという見方もできます
　では、加入を強制されている個々の弁護士は、このこととどう向き合っているのでしょうか。弁護士・弁護士会は一枚岩ではありません。弁護士にはいろいろな考え方を持っている人がいます。それでも弁護士会としては、あたかも一枚岩のように対外的な発言や活動をしたりします。

　弁護士会の中では、よく「会内民主主義」という言葉が使われます。強制加入であればこそ、弁護士会としての意思決定はより民主主義的でなければならない、という考えがそこにあります。

　ところがそうした弁護士会のなかでも、会長・副会長らでつくる執行部が、上から下への意思統一のために存在するのか、それこそ民主主義的に会員の声をくみ上げて会の方針に反映させるために存在しているのか、分からなくなるときがあります。強制加入ということを考えれば、当然後者が重視されてしかるべきですが、近年、特に前者の色彩が強まっているという会員の声を耳にします。

　とりわけ会内で意見の対立が続いている司法改革路線をめぐっては、この改革が始まって以来、日弁連執行部派と一般会員の意識がかい離し、その程度が拡大してきたという指摘もあります（二〇〇九年中部弁護士会連合会定期大会「適正な弁護士人口政策を求める決議」）。

また、企業弁護士や渉外弁護士の中には、弁護士会への帰属意識が低い人もおり、強制加入について疑問視する見方もあるほか、経済的な困窮もあって強制加入を負担と感じる弁護士も出始めています。

弁護士自治ともども、規制緩和の観点で弁護士会の強制加入廃止を議論すべきとする論調は、主に弁護士会の外にありますが、国民の目線と弁護士会内世論の動向次第では、いつでもそうした議論の流れが作られる状況にあると言ってもいいと思います。

弁護士会の強制加入は、内と外に不安定要素を抱えているというべきかもしれません。

2 「弁護士自治」崩壊の兆候

弁護士自治の最大の弱点、別の言い方をすれば、それを維持していくうえで最も厳しいカードは何かを考えた場合、大きく二つのテーマがあるように思います。

一つは「経済的な自由」ということです。もし、個々の弁護士の「経済的自由」が重視され、それを優先するという方向が強まった場合、あるいは弁護士自治はひとたまりもないかもしれません。弁護士の自治と一体の弁護士会への強制加入、つまりは弁護士会に登録しなければ弁護士として活動できないことは、「経済的な自由」が強調されるほどに、規制という側面もまた浮かび上がるからです。

もう一つは、「国民の支持」ということです。弁護士の活動は、常に多数派の国民の側に立つわけではなく、時に社会的に孤立した少数者の側にも立つものです。多数派国民の支持を、権力と対峙し、そのために独立していなければならないためにある弁護士自治の基盤とみることは、常に権力と向き合うとは限らず、権力側を支持するかもしれない国民に基盤を求めることとして問題にならないか、ということです。国民世論が「弁護士自治は必要なし」という結論を出した瞬間に、これまたひとたまりもないということになります。

実は日弁連は、二〇〇一年五月の定期総会で、「市民の理解と支持のもとに弁護士自治を維持・発展させる決議」を採択し、その基盤を市民の支持に求める姿勢を示していますが、この採択をめぐる議論でも会員から強い異論が示されています。

個々の弁護士がこの二つのカードを、自治を不要とする要素になり得るものと見た場合、弁護士自治を支えていく意義が必要になります。それは、弁護士が国家とも対決して職務を遂行するという職能の本質から、検事と対等でなければならず、そのために権力の介入を許さない独立性とそれを前提とした弁護士自治が必要ということの、価値への了解といえます。現にこの理解の下で、弁護士は弁護士自治を非常に重要な存在として守ってきました。戦前、司法大臣の監督下に置かれ、国家の影響によって弁護士の人権擁護活動が阻害されたことの深い反省もいわれてきました。

「国民の支持」ということからいえば、基本的に弁護士には従来、国民の側の法曹という自負があり、弁護士自治は当然、国民の権利を守るためにあるとの認識があります。一方で、例えば犯罪者の弁護不要という世論が仮に多数を占めても、「民主的に」弁護士の活動が否定されることはあり得ないように、そもそも自治も同様に多数派世論から超然とすべきという見方もあったように思います。

二〇〇一年という年になぜ、あえてあのような決議が採択されたのかを考えると、その時期が「市民のための改革」を掲げて日弁連が本格的に「改革」に突き進もうとしていたときであるとともに、その「改革」のメニューに「自治」見直しというテーマが加わる動きもあったことが、背景としてあるように思えます。ここで日弁連は、弁護士自治の市民的基盤ということを姿勢として掲げる政治的な事情があったようにもとれるのです。

かつて弁護士の非営利性が強調されるほどに、弁護士自治はむしろ弁護士活動の自由を確保できるというとらえ方もできました。経済的自由権よりも精神的自由権が、その意義として理解されていたということもできるかもしれません。

さて今、弁護士自治と弁護士会の強制加入は、まさにこの二つのポイントからぐらつく兆候があるといっていいと思います。弁護士の増員に伴う弁護士のビジネス化への意識、若手を中心とした経済的な余裕のなさは、ともに「経済的な自由」への要求を高めています。会費負担への不満から強制加入不要をいう声のなかには、もはや「経済的な自由」を上回る自治の価値を見出す意識はみられず、それは個々の弁護士業務の足を引っ張るような存在としてとらえられているように見えます。

もちろん決議から一〇年を経ても、依然、弁護士自治の意義を国民が基本的に理解し、支持している状況にあるとは思えません。むしろ、弁護士の不祥事の多発、それに対する懲戒制度の抑止力の問題といった点がクローズアップされた場合、弁護士を国家のより強い監督下に置くという考えに、世論が一丸となって反対する立場に回るとは考えにくい状況です。そもそもが、旧来の弁護士が考えていたほど、多くの国民が、権力との立ち位置で弁護士側を支持する状況が見通せていたわけではないように思えます。

一つはっきりしてくるのは、弁護士を激増させ、競争の「淘汰」によって質を維持していくという推進派の描き方は、どう考えても、弁護士自治不要論台頭への危険をはらんでいるということです。この競争と淘汰のなかで既にその兆候が現れているように、会員の意識は「経済的自由」に価値を見出し、その中では、弁護士自治は競争を阻害する規制と位置づけられます。競争がよりよいサービスをもたらし、質を良化させ、国民のためになる存在と描かれる以上、国民もまた、阻害要因へは否定的な目線を向けます。さらには、増員による「淘汰」の過程で、現象として弁護士不祥事が多発すれば、正面から弁護士会の懲戒制度の無力さとして自浄作用が問われ、これもまた自治不要論が描き出されれば、国民はそれを支持しておかしくありません。もちろん、会員意識の離反は、自治の内部崩壊の序曲となるでしょう。

弁護士会の推進論者は、どう考えているのでしょうか。こんなことは起こらないと、とてつもなく楽観的に考えていうるか、それともすべてを予想して、いずれは自治の旗を降ろすこともやむなしと考え始めているのか、そのどちらかではないかと思えてきます。

3　「弁護士自治」という責任

弁護士自治を考えるとき、「国民の支持」ということが、難しい側面を持つことは前述しました。弁護士が常に多数派の国民の側に立つわけではなく、時に社会的に孤立した少数者の側にも立つものであることを考えれば、多数派国民の支持を弁護士の自治の基盤とするわけにはいかないのではないか、という問題です。

ただ、そもそも多くの国民にとって、弁護士自治の必要性というものが実感しやすいテーマかといえば、そうではないだろうと思います。権力と対峙し、そのために独立していなければならない弁護士の自治は、そもそも刑事裁判など権力と対峙する局面に立たされている国民の中の絶対的少数者と、その立場に立ってこの意義を想定できる者だけが、その必要性を強く認識している、といってもいいかもしれません。

ともすれば多くの国民は、弁護士自治の是非が問われた場合、より実感できる別の観点に価値を見出すかもしれません。その典型は弁護士の綱紀という点だと思います。

弁護士の不祥事が多発すれば、弁護士会の自浄作用が問われます。国家の監督に服さない、弁護士の自治の問題性としてとらえられるわけです。その結果、多数派国民の視点として、弁護士が自ら監督するのではなく、国家による監督を求める方がよい、という見方へ傾斜するかもしれません。

これはさらに、弁護士に対するある見方につながっています。弁護士自治を弁護士の「特権」として批判的に強調するものです。弁護士がいう自治の必要論に対しても、「特権」を主張することによって、社会にとって望ましくない弁護士の環境を「聖域」のように主張しているようにとらえるものです。

しかし、弁護士自治は必ずしも「特権」と言えるかどうかには疑問もあります。あくまで弁護士自治は、権力と対峙せざるを得ない国民のためのものであるといえるからです。多数派国民の支持が得られるとは限らない国民のためのものとして主張されている、といってもいいかもしれません。

弁護士からすれば、不祥事をなくすことを課題として突きつけられ、それを受け止めるのは当然だとしても、だから自治をなくしてもいいとは、弁護士の口からは言えない、胸を張って言える立場にないということになります。

私の主宰する投稿サイト「司法ウオッチ」の弁護士自治と強制加入制度について意見を聞く「司法ご意見板」で、吉田孝夫弁護士がこう書いています。

「弁護士自治は、弁護士の特権ではなく、弁護士に付託された責任です。ですから、弁護士の立場からは、それを必要とか不要とか言うのではなく、言うなら、もう弁護士自治の責任は負いきれないから、弁護士自治の責任から解放して下さいと言うことになります。従って、弁護士自治が必要か否かについての発言は、弁護士としてではなく、すべて、国民としてです」

弁護士の増員に伴う弁護士のビジネス化への意識、若手を中心とした経済的な余裕のなさは、ともに「経済的な自由」への要求を高め、「会費」負担への不満から、強制加入不要をいう声につながり始めています。それには、もともとビジネス志向の企業系弁護士から聞こえてきた不要論と同様のものだけではなく、むしろ自治の意義を自覚してこの世界に入りながらも、もはやそれを実現できないという認識に立った若手の叫びも混じっています。

自治の旗を降ろすことは、弁護士がその責任から解放されることだという吉田弁護士の指摘を、実は国民は危機感をもって受け止めなければなりません。それは国民からみて、決して弁護士の「特権」の旗を引きずり降ろすことではなく、権力に対峙することを余儀なくされる国民にとってのシールドが解除されることを意味するからです。

4　弁護士「懺悔」の行く末

一〇年くらいまえに自分が「法律新聞」に書いた記事を読み返していたら、ちょっと奇妙な表現に目がとまりました。

「最近、『反省する弁護士』によく出会う。『傲慢過ぎた』『市民に見放された』『ニーズにこたえていない』等々。これほどまでに弁護士が『懺悔』する時代が、かつてあっただろうか」

この時期、多くの弁護士の心境に異変があったとすれば、それは一体何がもたらしたのでしょうか。これを書いた二〇〇〇年という年は、司法制度改革審議会の議事が進み、徐々に「改革」の骨格が固められていった時期です。この年の八月には事実上、司法試験合格者年三〇〇〇人の方針、さらには弁護士会の悲願であり「改革」への期待とともに掲げられていた「法曹一元」の実現が、絶望的であることが伝えられます。

それとともに弁護士会内の「改革」論は、より内向きの自己改革論が強調されます。一九九〇年初頭から今回の「改革」を主導してきたと自認し、自ら打って出た格好の日弁連・弁護士会は、思わぬ弁護士自身の「改革」を迫られることになり、当初、何番手かに置いていた観もあった弁護士改革が、いつのまにか「改革」の主眼ともいえる位置付けになっていることを知ります。

当時、これを「登山口」と表現する言い方が弁護士会内でよく聞かれました。つまり、弁護士の自己改革が、これから始まる「改革」の入口になるのだ、と。これは弁護士会内の「改革」主導層が会員向けにアピールし、やがて会員間で言われることになったわけですが、多分に「改革」への自覚を促すというよりも、納得しようとするための表現のように思えました。まさに、痛みを伴う「改革」への納得です。

同時にこれは、弁護士会にある変化をもたらしていました。「反権力」の減退です。「懺悔」は弁護士・弁護士会の闘争的運動、それにつながる政策的正当性への会員のとらえ方に微妙な変化をもたらしていたようでした。それは時に、日弁連・弁護士会の「反権力」的なスタンスが、「市民ニーズ」にこたえていくという「改革」のスタンスと、あたかも相反するかのような響きをもっていました。

そしてこれは、弁護士自治についての軽視、もしくは再定義といった形につながることを予感させました。当時このムードについて、こんな率直な印象を記事にしていました。

「だが、これまでの弁護士・弁護士会の活動の成果をみる時、極めて奇妙な見方といわざるを得ない。弁護士たちは、自分たちの城の城壁が、どれほどの矢を挫いてきたのか忘れてしまったのだろうか」

当時、こうした方向に弁護士を向かわせている状況を憂慮している学者の声もありました。

「私が非常に憂慮しているのは、はっきり言えば、政財界の規制緩和的な司法改革の動きが、弁護士層を攻撃していることです。弁護士層の中核にある人権擁護性をなんとか軟化させよう、後退させよう、弁護士業務に市場原理を持ち込んで不当に競争を煽り、弁護士の基本的な任務をビジネス的なものに変えていこう、そういう動きが規制緩和的な司法改革の本質です」（小田中聰樹・専修大学教授の「司法改革市民会議」での発言）。

だとすれば、「改革を口にするなら反省を」というムードのなかで、弁護士・弁護士会は、

「懺悔」することによって同時にこの「規制緩和」的な「改革」に取り込まれていったように見えます。そのために弁護士の「懺悔」が必要だったということもできます。

あれからの一〇年という歳月は、「改革」の影響をよりリアルに、より脅威として受け止める期間だったように思えます。今や弁護士は「懺悔」ではなく、むしろ覚悟としてビジネス化を受け止め、それは同時に何かを失うものとしてはとらえていない方向と、一方で、「懺悔」の仕方そのものを疑問視する方向に大きく分かれています。まさに「改革」をめぐる会内世論の一〇年の対立は、弁護士だけの激増政策のなかで、「登山口」として描かれた弁護士改革の意図を多くの会員に気付かせたようでもあります。

今、やはり一〇年前の「懺悔」をどうとらえるのか、それによって、今後のこの国の弁護士のあり方も、さらに大きく変わるように思います。

5　「反権力」が時代遅れ扱いされる先

今から一〇年くらい前、ベテランの弁護士と話をしていて、彼がさらっと「反権力はもう古いですよ」と言ったのを聞いて、一瞬耳を疑ったことがありました。もちろん、もともと「反権力」という切り口になじめない弁護士はこの世界に沢山いますし、その時、既にかつてよりもこの言葉自体聞かなくなりつつあったのですが、それが人権問題にも取り組む彼の口から出たことがやはり意外で、「もはやあなたのような人まで」という驚きを感じました。

「オールジャパン」がいわれた司法改革は、対決よりも協力という弁護士・弁護士会の姿勢が引き出されたと同時に、権力との位置取りで、それまでの激しい法改正反対運動などでみせた顔とは明らかに違うものが引き出されることになっていきました。

この弁護士が、そのセリフをどんな文脈で語ったのかもはや忘れてしまいましたが、おそらく「改革」に絡む話だったと思います。彼もまた、司法改革推進派の一人でした。

ただ、その時も不思議な気持ちになりました。「反権力は古い」といっても、肝心の「権力」は変わったのでしょうか。弁護士が「反権力」の旗を下げるという選択は、「権力」が対抗する必要がなくなった、そういう存在でなくなったというのでもなければ、説明がつきません。もし、「権力」が対抗していた当時と変わらないというのであれば、弁護士・弁護士会の変質・弱体化を意味しかねません。

この「反権力」を、いまや内部からも不要論が出始めている弁護士自治の存在意義として、弁護士自身が自覚していた時代がありました。「反権力」の旗は、弁護士自治という城にたなびいていたのです。

「現在でも裁判所が基本的に、国民の権利より国策の遂行を重視しているということは、福島をはじめ、日本の原発の状況を見ても明らかなことです」

意見投稿サイト「司法ウオッチ」の「司法ご意見板」に、宮崎県弁護士会の吉田孝夫弁護士のこんな書き込みがありました。原発の危険性を理由に地元住民が建設・運転差し止めを求めて全国各地で起こされた実に三〇件以上の訴えは、ことごとく裁判所で退けられてきたという現実があります。裁判所は、国策としての原発を推進に加担してきたという評価になるのです。

吉田弁護士はこう続けます。

「司法制度『改革』は、国策の遂行に邪魔な弁護士を淘汰することになると思います。弁護士自治も消滅の危機に瀕しています。この危機は弁護士にとっての危機ではなく、国民にとっての危機です」

実は「改革」の隠された目的はここにあるのではないか、という指摘に読めます。内からは、「改革」の協力者として「反権力」的な意識を変え、外からは、増員が生む競争と淘汰が現実的に弁護士に余裕のない状況を作り、弁護士自治そのものへの不要論を増幅させる。

政府の研究会に参加している有識者の口から、「法曹人口問題は、見方を変えれば、政府と敵対できる法律家はどれぐらいに抑えるべきかという議論でもある」という見解が普通に示されているのを見ても、こうした目的の現実性は決して低いものではないと思います。

吉田弁護士の警鐘は、弁護士の意識がかつてとは違う時代であればこそ、より深刻な響きをもって伝わってきます。それは、彼もいうように「国民の危機」であります。「反権力」の盾や城壁を失い、むき身をさらしている状況に大衆が気付かないほどに深刻な問題であるように思います。

「反権力」が決して国民にとって「古い」テーマではないこと、弁護士自治の今日的意味、それらは弁護士こそが伝えなければなりませんが、増員時代の弁護士・弁護士会とそれを取り巻く社会の受け止め方を見る時、どんどん厳しくなっている印象を持ちます。

6　弁護士会「会費」の無理

弁護士が毎月支払わなければならない「会費」について、弁護士の中の不満が高まっています。ひとつには、金額が高いということもありますが、それにとどまらず、年々、その趣旨そのものを疑問視する意見が強まっている印象を持っています。

弁護士会によって違いはありますが、二〇〇九年度で東京の弁護士が年間支払う会費の総額は約五七万円だったそうです。内訳は、所属する弁護士会の会費、日弁連会費、日弁連の特別会費など。弁護士は、事務所所在の各地弁護士会に強制的に加入させられ、その会員であると同時に、全国組織である日弁連の会員なので、自動的に全員重複して会費をとられているわけです。少ない会員で運営している地方の弁護士会の方が、一人の会費負担は大きいという話もあります。

新人については、登録後しばらくの減免措置はありますが、やはりこの額が弁護士によっては負担となり、最近は滞納の現実もあるようです。

一般の感覚からしても、おそらくこの額は、「会費」というイメージからは高いものだと思います。高額になっている理由は、その性格によるものです。

弁護士会の会費は、普通の団体などの構成員が支払う「会費」と異なる性格を持っています。「会費」といえば、主に会員の登録事務、会報の発行といった会務のための費用捻出を目的としたものを連想されるかもしれません。ただ弁護士会の場合、それにとどまりません。弁護士会の「会費」は、一般的には公的な領域をカバーしているからです。

そもそも弁護士会には強力な自治権が認められており、その根幹に懲戒権があります。弁護士会は、他の団体の場合、監督官庁が行う懲戒を、すべて自らやらなければなりません。調査を含めて相当なおカネがかかります。もちろん、入退会の審査も弁護士会自らがやります。

と同時に、そうした自治を持つ団体であるからこそ、さまざまな公益活動を担います。弁護士会自らが行う人権擁護、消費者問題などの委員会活動、法律相談のほかに、被疑者弁護、少年事件の付添、犯罪被害者、難民認定、外国人、子ども、精神障害者、心身喪失者等、高齢者、身体障害者、ホームレスに関する法律援助の事業を、基金を作り、会員からの拠出で行っているのです。

会員の持っている会費の趣旨に対する不満というのは、要するにこうした公益性の高い事業は本来国費でまかなわれるべきものなのに、なにゆえ日弁連執行部はえんえんと会員にその負担を回してくるのか、という疑問からくるものです。しかも日弁連執行部も、その本来の形は認識してはいるのです。現実に国費の負担も会員負担もなければ、事業を縮小せざるを得なくなりますが、それもできないとして、いわば無理に無理を重ねて、会員に負担をお願いし続けているということなのです。

もちろん、日弁連は総会にかけて、多数決でこうした会員負担の方針をその都度決定してきました。だから、会員の多数の承認を得たと執行部はいうでしょう。ただ、それでも会員のコンセンサスが完全に得られているかは疑問です。それは総会での意思決定のあり方にも関係があります。

そもそも会員の中には、強制的に加入させられながら、執行部は会員の意思を平等にくみ上げず、上から下への方針徹底に比重を置いている、という不満が高まっています。そのうえの、意思に反した多額の会費の徴収という状況のなか、会員の中から任意加入論、自治返上論が台頭してもおかしくないムードになってきています。

ただ、このことを一般大衆はどう理解するのでしょうか。前記した額は確かに「会費」としては高額だけれども、こと弁護士となると、「彼らは儲けているんだから、そのくらい出せるだろ」というとらえ方をされてしまうかもしれません。本来公費でまかなうべきところを弁護士個々人が稼いだ収入から拠出していることの無理について考えがいく前に、まず、その弁護士イメージが、それを遮断してしまうように思えます。

それには大マスコミにも責任があると思います。

　実は、日弁連は二〇一一年二月九日に開いた臨時総会で、前記したような事業を支えるため、弁護士がさらに月額五五〇〇円支払う会費値上げ案を賛成多数で可決しました。それを同月一二日付の朝日新聞が社説で取り上げています。

　この社説、結論は弁護士が身銭を切ってきたことの筋違いを認めているようなのですが、その一方で、嫌みのようにこんな言葉が文中に登場します。

「ぐるり回って多くが弁護士の懐に入るお金かもしれないが」「『職域拡大運動ではないか』との冷めた見方もあるが」

　とても、筋違いの方を大衆に理解してもらおうとする記事とは思えません。筋違いは筋違いだが、無理というわけではなく、あまり弁護士をほめるような真似はしたくない、というところでしょうか。

　増員問題、「給費制」問題同様、実情を伝えようとする弁護士・弁護士会と国民の間に、大マスコミが立ちはだかっているような印象です。

7　弁護士会費と弁護士会の事業仕分け

「高い」ということで、弁護士の中で不満が高まっている弁護士会の会費について「司法ウオッチ」でこの問題をテーマに設定したところ、早速、こんな書き込みがありました。

「これだけ爆発的に弁護士が増えてきているのに、会費が安くなる傾向は一向に見えてきません。スケールメリットはどこに行ったのでしょうか」（新人弁護士・東弁）

実は弁護士会外の人にこの会費の話をふって、その人が弁護士の増員を知っていたのならば、まずこのことが返ってきます。弁護士が増えているんだから、個々の弁護士の負担は軽くなるんじゃないのかと。まあ、普通はそう考えるかもしれません。なかには会費の高さ自体に、「さすが儲けている人間たち」という評価もあるようです。

会員数が増えれば、会員の入退会の管理は増えるかもしれませんが、一般的に考えれば、会員数増に伴って事業活動を拡大するのでなければ、負担が減ってもよさそうなものです。もともと弁護士会の会費は、純然たる会員管理の事務費だけではないわけで、しかも極端な人数の増え方をしているのですから、なおさらそう考えたくなります。

実は会員自身がよく分からないところに、さらなる問題があると思います。つまり、そこのところを基本的に了解できていないのです。

こんな意見も書かれていました。

「公益活動というのも、本当に必要な活動かどうか、弁護士会がやる必要があるのかどうかという事業仕分けも含めて考えないと、弁護士はただでさえ不景気で収入が減少しているのに、会費負担（金銭）＋会務負担（労力）で死んでしまいます」（向原栄大朗弁護士）

弁護士会の会費が、一般的な会費というイメージとは違う高いものになるのは、それが公的な領域をフォローしているという性格にあることは既にご紹介しました。ただ、その領域について、了解が得られていないということです。

「事業仕分け」という言葉が出てきましたが、およそ弁護士会活動には、そういう視点があったのか疑問です。もちろん、弁護士会活動が選別されてこなかったわけではありません。ただ、弁護士会の活動にふさわしいか、とか、社会的な意義があるかという論点は強調されても、現実に支えていけるのかという観点からの優先順位付けの視点が欠けているように思えます。弁護士会にふさわしければ何としてもやる、という姿勢にも限界があります。また、一度旗揚げしたものをひっこめることを嫌う風がないわけでもありません。

弁護士会は、できないことはできないと、もっとはっきり言うべきかもしれません。

「事業仕分け」ということでいえば、およそ「無駄」という観点で、こうした話がされていることは、ほとんどないと思います。弁護士会としてやるべきという立脚点ですから、「無駄なんてことがあるか」という話にもなります。

ただ、別の話がないわけでもありません。前出「新人弁護士・東弁」さんのコメントにもこんなくだりがありました。

「我々新人弁護士層が日々の暮らしにも汲々としているなか、必要性があるのかないのか判然としない視察を大人数で行ったり、イデオロギー的に偏った（と私は感じている）行動を行われたりすると、率直に言って『すでに地歩をガチガチに固めている上層部は気楽でいいなぁ』

と思います」

偶然、つい最近、弁護士会外の人間からも弁護士会の海外視察についての批判的意見を聞きました。よく政治家について聞かれるような、物見遊山のような話に耳を疑いました。もちろん、同行していたわけではないので、それがどういうものかは分かりませんし、真面目に視察の目的を果たされている方々も沢山いらっしゃるとは思います。

ただ、部外者にそうみえた実態があったとしたならば、それも無視できませんし、少なくとも弁護士のなかにもその在り方に首をかしげている人もいる、ということです。仕分け人が一応のチェック対象としてもおかしくはありません。

さて、会費に了解が得られていないということには、おそらく異論が出ると思います。会費の徴収については、適正に議事にかけて、多数の賛同を得ている、と。つまり特定の公的な領域に会費が支出されること、そのために一定の高い会費を支払うことは、多くの会員が了解済みだということです。

だとすれば、いっそのことその部分については、献金制にすればどうでしょう。払いたくない、納得のいかない人は、基本会費だけを払う。意義を感じる人は献金する。多くの会員が意義を感じて賛成に手を挙げたというのであれば、その方は払えばよし、多数が了解済みなのですから、収入減は小さくて済むはずです。

自由意思にゆだね、強制徴収でなくなったとたん、献金する人が誰もいなくなったなどということはあってはいけません。それでは、その人たちは、本当は全く了解していない方たちか、目をつぶって手を挙げてしまった方たちという風にも、とれてしまいますから。

8　「会費」イメージを超越した弁護士会費

全国の弁護士会費の一覧が、法務省のホームページに発表されました。二〇一一年六月一五日の「法曹の養成に関するフォーラム」第二回会議で、委員である宮脇淳・北海道大学公共政策大学院長が、今後の議論のために、弁護士会費等の負担について全国弁護士会を網羅した資料の提出を日弁連に求めていたものです。

聞きしに勝るとは、まさにこういうことでしょうか。高いことで有名な弁護士会費を全国横並びで見ると、なるほどこれは庶民からすれば、もはや「会費」というイメージではありません。「弁護士」を特別視されている方々のなかにも、まさかここまでとられていると思っていなかった方もおられると思います。

一口に会費といっても、弁護士の場合、組織と名目で重層的に徴収されています。日弁連会費、日弁連特別会費、弁護士会費、弁護士会特別会費、さらにはこれらの月々の支払いのほかに、ところによっては支部・地区会費、ブロック会費が加算されています。

これまでもいろいろ書いてきたように、弁護士会は強制加入団体で、全員が各都道府県（東京は三会、北海道は四会）ごとの弁護士会の会員であると同時に、日弁連の会員になることが強制されていますので二重に会費をとられます。支部・地区というのは、弁護士会本会のなかに支部があり、そこでまたそこの事情ごとに額が違う会費が加算されていたり、さらには全国八ヶ所の高裁に対応した弁護士会連合会（ブロック会）の、これまた異なる会費が発生しているところもあります。

この一覧を見て驚くのは、なんといってもその額と格差です。登録五年目の弁護士の年間負担額で比べると、最高は山口県弁護士会岩国支部の一一七万八四〇〇円、次いで同会山口支部の一一六万六四〇〇円、釧路弁護士会帯広支部の一一五万四四〇〇円の順で、一〇〇万円以上が七会・支部に及んでいます。

さらに、一〇〇万円未満九〇万円以上が六会・支部、九〇万円未満八〇万円以上も一四会支部で、これまでいわれてきたように会員数が少ない会の会員負担は高くなる大まかな傾向もありますが、その程度は各地の事情によってまちまちです。

一方、最も負担が少ないのは、愛知県弁護士会の四九万八〇〇〇円で、実に最高額の会の二分の一以下。東京弁護士会五八万四〇〇〇円、第一・第二東京弁護士会がともに六〇万八四〇〇円、大阪弁護士会五三万四〇〇〇円と、大規模弁護士会はいずれも負担が軽い方に属します。

これらに関しては、各地それぞれの判断で若手に対する減免措置が講じられています。ただ、この他に会員には、登録時、やはり二重に日弁連と弁護士会の登録料などが課されますが、これまたばらばらで、合計負担額の最高は奈良弁護士会の六三万円、最低が東京弁護士会、同多摩支部、千葉県弁護士会、岩手弁護士会の六万円で大きな開きがあります。

同じ弁護士という肩書で、こんなにとられているものに格差があること自体、国民は知らないと思います。もはや弁護士ご本人の解釈としては、この格差も、その地で弁護士を開業する宿命と割り切るしかないのが現実です。

ところでこの資料は、今後の「フォーラム」の議論でどういう効果が予想されるでしょうか。ある弁護士ブログ氏が、こう予想しています。

「さあ、次は、いよいよ、高額な弁護士会費が問題になるかな。法科大学院関係者は、突っ込んでくるかもな。『経済的理由から法曹を断念することがないように』とか言ってるくせに、『オマエら、そんなに会費を払わせてるのかよ！』ってことになるわな。逆に、『弁護士というのは登録一年目からこんなに会費が払えるくらい儲かるんだな』ってことになるかな」（「PINE's page」）

弁護士の年収の調査結果が、現実を本当に反映しているかいかんにかかわらず、「まだまだもらっている」という評価につながるなど、弁護士のなかには納得がいかない方も大勢いるなか、これまた痛い評価が待っているのではないか、という話。

「だから言ったじゃないか」。日弁連執行部に、そう突っ込む会員が現れても当然です。

9 「低額化」という弁護士増員の意図

意見投稿サイト「司法ウオッチ」の「司法ご意見板」に設定した「弁護士会費」に関する回答欄には、「高い」という文字が並んでいます。そのなかにこんな書き込みがありました。

「現状の弁護士会費は、参入規制と取られても不思議のないほど高額です」

「東弁」というネームの、弁護士によるとみられるこの書き込みも、弁護士業務の足をひっぱっている高い会費について述べています。

新人弁護士の会費の減額措置程度ではとても凌げず、過疎地域で弁護士会費を払って経営を維持することは不可能。中小企業等、社会の隅々にまで弁護士を入れようとするならば、現状の弁護士会費は明らかな阻害要因――。見合う収入があった以前はともかく、いまや「会費」は参入規制なのだと。

実はこの書き込みの注目できる指摘は、この前にあります。

「弁護士増員が、競争による弁護士費用の低価格化という経済界の意向が強く反映されているにも拘わらず、弁護士会執行部がそれを無視し、法の支配を社会の隅々に行き渡らせるために増員したと未だに偽善ぶっているから、弁護士（経済的基盤のない若手や新人）の生活が困窮しているにも拘わらず、弁護士会費を下げるどころか値上げするなどと言うことができるのです」

実はこの弁護士増員の効果への期待の中身が、「使い勝手」としての弁護士費用低額化にあったとの見方ができます。低額化が進まない現実を、大マスコミのなかには『改革』の効果に疑問」とするところもありますが、弁護士会が「身近な司法」というテーマのなかで、低額化を一番の課題として取り上げてきたわけではありませんでした。

つまり「増員」の目的に対する同床異夢、あるいはある種の独自解釈の結果いまの状況に陥っているのが、「東弁」氏の見方になります。

「過疎対策等にしては、増員の幅が大きすぎます。司法予算の増加や執行法等各種制度改革も見合ったものがありません。つまり、明らかに経済界の意向に基づくものです。そうでないならば、弁護士会は、これらを交換条件に弁護士増員を容認すべきでした」

既に、日弁連は三月に出した「法曹人口政策に関する緊急提言」で、弁護士過疎・偏在問題や被疑者国選・裁判員制度については、現在の増員ペースによらなくても対応が可能な状況との認識を示しています。

つまり、競争による低額化という「増員」の意図を見ず、別の目的設定のもとに、その路線に乗っかった結果、本来ならば前提として考えられていい環境整備が行われておらず、そのことが現状につながっているのではないか、ということです。

「東弁」氏の結論は、このまま増員路線を継続するならば、弁護士会の強制加入を廃止せよというものです。「改革」の目的を考えるのならば、弁護士の仕事の足を引っ張る会費徴収そのものの前提をなくしてもいいのではないかという話です。

ただ、一つ考えておかなければならないことがあります。これも「改革」のシナリオなのではないか、ということです。同床異夢の「改革」に弁護士会が乗り出す結果、大量の弁護士を経済的に支えることは困難になり、弁護士が「競争」に陥らざるを得なくなる過程で、強制加入は個々の弁護士の重荷となり、自治とともに内部から崩壊するだろう、と。

見方を変えれば、皮肉にも弁護士の現状に対する「覚悟」の先に、強制加入の否定があるようにもとることができます。

弁護士の増員による「競争」「淘汰」が大衆にもたらすものとともに、このシナリオの結果が、本当にこの社会にとって望ましいのかも考える必要があります。

10 注目・活用される「懲戒処分歴」

弁護士の懲戒処分歴に対して、会員弁護士の受け止め方には、やや複雑な感情があるのを見つけるときがあります。

日弁連は二〇〇九年七月から過去三年の懲戒歴、業務停止、退会、除名について全件、戒告については報道発表されたれた重大なものを対象に、請求があった場合、開示する制度をスタートしました。二〇〇一年の司法制度改革審議会最終意見書で、「懲戒処分の過程・結果等に関する公表の拡充」が提言されていたこともあり、日弁連は二〇〇三年から検討し、二〇〇八年一二月の臨時総会で可決したのですが、この間、会内ではこの対応に対する反対論も出されました。

このなかでよく聞かれた意見は、懲戒処分終了後にさらなる不利益を被ることになる不当性でした。本音の部分で、そこに納得いかない人がいたのです。ただ結果として、そうした反対・慎重論を退けてこの対応を日弁連が選択したのは、依頼を目的とした市民への情報公開、懲戒制度に対する弁護士会の姿勢として、とても前記したような主張が通用しないという認識に、大方の会員が立ったということだろうと思います。

弁護士の懲戒歴は、依頼者市民からすれば極めて関心の高い情報です。「出さない」という姿勢は、とりもなおさず、市民の要望に背を向けることになります。一方、弁護士に対しては、仮にそれが将来に向けて十字架を背負わせることになったとしても、それが重ければ重いほど、不祥事への抑止力になるとの見方もあります。

ただ、市民の反応ははっきりしています。

「何も前科のある人に頼む必要もない。弁護士は沢山いるのだから」

周囲の人に聞けば異口同音にそんな回答が返ってきます。市民にとって「懲戒された弁護士」というレッテルは絶対です。もちろん、懲戒の内容は重大な意味を持ちますが、長々とした処分理由はなんであれ、末尾の「品位を失うべき非行」という文字を見れば、それだけでアウト。依頼することはあり得ない、という声も聞きます。

弁護士のなかで評価が分かれるのは、既に処分を受けて再起している人に不利益を与えることが、業務停止処分後は他の弁護士と同様に業務ができる処分の趣旨に反することや、前科・前歴をほじくりかえして評価する不当性でした。そうした弁護士に仕事をさせないことが予防的に非行を防止するという考え方そのものは「保安処分」と同じ、という意見までありました。

こうした議論を超えて会員が選択した開示制度は、日弁連がそれまでの機関誌と官報での公表に加えて、より懲戒に対する厳しい姿勢、市民の要望に対してより前向きな姿勢で臨むことを示すものとして、社会的に積極的に評価されることを期待していたといってもいいと思います。

確かにそうした受け止め方がされていないわけではありません。ただ、それにとどまらない見方もできます。一つは弁護士会として、被懲戒弁護士の再犯の可能性を認めていることです。「前科」弁護士による被害が出た場合、情報提供によって、弁護士会が一定の対応をとった事実を示し、さらには依頼者側の自己責任に転嫁できる余地を作っているともとれます。

弁護士会の執行部関係者に聞けば、それこそ「札付き」といわれる多数回懲戒者に頭を悩ませている話はよくあります。そうした弁護士の再犯を弁護士会として防止できる有効策が見つけられない以上、再犯の恐れが見込まれない案件の「前科」を持つ人や、あるいは反対派が主張するような点の「犠牲」はやむを得ないという選択にもとれるのです。

もう一つは、この日弁連が選択した対応の「効果」は、おそらく想定以上に別の形で出つつあるということです。それはインターネットです。あるサイトではこう指南しています。

「問題のある弁護士を見分ける方法があります。それは懲戒されたことがないか調べるということです。……依頼しようとしている弁護士の名前と『懲戒』というキーワードで検索をすれば、懲戒された弁護士の名前が出てくることがあります」

「もっとも懲戒されているのに、あまり明るみに出ていないこともあります。どうしても心配な方は依頼しようとする弁護士に『先生は懲戒されたことがありますか？』と聞いてみましょう。懲戒されたことがなければ、笑って『ないですよ』と言います。失礼かもしれませんがだいたいは許してくれます。逆にこれで怒る弁護士がいたらかなり怪しいです」

「弁護士会というのは弁護士で構成されています。その弁護士会が懲戒処分したとなると、その弁護士にはよほどの問題があるとしか考えられません」（「よい弁護士の選び方」）

懲戒歴はえんえんとネットを通して開示され続けるとともに、それを利用する市民からすれば、それがすなわち「よい弁護士選び」として選択されるということです。もともとこの日弁連の懲戒歴開示は、確かに「弁護士選び」での一つの情報提供として期待されていたものでしたが、さすがにここまでくると、懲戒の内容いかんにかかわらず「前科」は「前科」ということでいいのかという意見も出てきそうです。もちろん、ここも弁護士の意見が分かれるところでしょう。

しかし、実はこうした「前科」公表は、これから確実に不祥事・懲戒事案が増えることが予想されるなかで、弁護士会の積極的対応として評価されるというよりは、弁護士・弁護士会への不信感の高まりとともに注目・活用されるということもまた、関係者はもっと自覚しなければいけないように思うのです。

11 「若手」が弁護士会を牛耳る日

最近ツイッター上に、ある弁護士のこんなつぶやきが流れました。

「今の調子で弁護士が増えていったら、そう遠くない未来に若手が過半数を握って弁護士会の中枢が若手だらけになり、制度を変にいじったと上の期を迫害するようになったりして」

迫害というのは穏やかではありませんが、ここに書かれていることは、必ずしも絵空事ではありません。弁護士の増員で、弁護士会内の勢力図が急激に若手へ傾いています。単純に考えても、それが弁護士会の運営に影響を与えることは間違いありません。

このツイッターを受けて、現状を分析しているブログがありました。

「五〇期以降の弁護士が過半数に」（「法律事務所マーケティングブログ」）

司法修習五〇期（一九九八年四月修習終了）以降で弁護士全体の過半数を占めたということ

です。さらに、三八期（一九八六年四月修習終了）以降で三分の二を占めているともしています。

「中枢を占める」という見方は、ブログ氏も指摘するように、役員人事が修習期順送り的な慣行がある弁護士会についてみれば、直ちに若手が牛耳るような形は想像しにくい面はあります。

ただ、それはあくまでこれまでの状況を基準にして考えたものです。大きな影響は、なんといっても彼らを無視したならば当選できないということです。あるいはそこに、若手が押し立てた候補の逆転が、そうした慣行そのものを崩していくことは容易に考えられます。

主流派といわれていたこれまでの勝ちパターンの位置取りの候補と、再投票に持ち込み、宇都宮健児候補が勝利した二〇一〇年の日弁連会長選挙も、弁護士会の選挙で、そうしたドラスティックな展開が起こり得ることを示したものといえます。これまでの形では測りきれない展開もあり得るということです。

もっとはっきりしてくるのは、政策が通らないということです。通らないということは、可決されないというより、提案されない、俎上に上らないということでもあります。

つまり、常に政策提案においても、選挙公約においても、この層を意識しなければならなくなるということです。

弁護士会は必ずしも一枚岩ではありません。若手とひとくくりにしても、その考え方までもちろんひとくくりにはできませんから、常に若手が一致して、日弁連や弁護士会の政策に影響を与えるという図を描くことはできません。その点で、この「懸念」を大幅に差し引く先輩方もおられるかもしれません。

ただ、あえて想像をたくましくして、若手が一致して執行部提出議案に反旗を翻し否決に持ち込むテーマを考えれば、まず多くの人がいうのは「会費」というテーマでしょう。高くかつ徴収理由について必ずしも会員間でコンセンサスが得られていない弁護士会費は、多くの会員の共通する弁護士会に対する不満点になっています。

さらにもう一歩進めれば、弁護士会の強制加入・弁護士自治というテーマについても、廃止という議論が現実味を帯びてくる可能性すら考えられます。これまで三〇年弁護士会を見てきて、今ほど、若手からこれらの不要論を耳にする時代はなかったという印象を持っています。厳しい経済状況の中、高い会費が弁護士業務の足をひっぱっているとしか感じられなくなっている若手が増えていることは事実です。

果たして、現在弁護士会の「中枢」におられる方々は、弁護士増員に伴う会内勢力図の激変がもたらすかもしれないこうした展開をどこまで予想し、懸念しているのでしょうか。口ではこうした状況への認識は示されても、強制加入や自治については、楽観的な見方をしているようにとれます。

「制度を変にいじった上の期を迫害」というつぶやきに重ねれば、「改革」路線にそって増員政策などを進めた責任が追及される未来がくるということかもしれませんが、ただそれよりも、この激変は、自治を持った弁護士会の「終わりの始まり」を意味するものかもしれません。

12　「弁護士自治」の落城

弁護士・弁護士会に与えられている「弁護士自治」を城に例えるならば、ここ一〇年くらいの間に、既に相当外堀を埋められてきてしまったという印象を持っています。自治の存在価値を示してきた「反権力」の旗は、もはやかつてのようにはためいているわけではありません。多くの弁護士が、「古い」と言い、若い弁護士にはぴんとこない方も多くなっています。

全国の都道府県に存在する弁護士会も、弱者救済や庶民の相談窓口は、日本司法支援センター（法テラス）がとって変わろうとしています。当初は、「第二日弁連」だとしてこの状況を危惧した人もまた、「旗」の重要性から、この「国営」機関への協力そのものを危険視した人もいました。

しかし、法テラスが活動を広げれば、相対的に弁護士会の活動領域と存在感が減退していくという可能性がありながらも、弁護士会は協力体制をとり、また現在、弁護士の雇用先としても、さらなる受け皿として期待していると伝えられています。

もちろん、はじめから弁護士会に比べた、法テラスという組織の優位性を前提に、積極的に協力することで、弁護士・弁護士会が積極的な役割を果たしていこうという、前向きにとらえる弁護士はいました。一方で同センター契約弁護士の中から国選弁護人候補を裁判所に通知しなければならなくなり、センターが実質国選弁護を牛耳ることになるのに強い危機感を持った弁護士たちもいましたが、その危機感は共有しながらも、受け入れざるを得ないと考えた人たちも沢山いたのです。

弁護士・弁護士会にとって、津々浦々、均等なサービスというのは重要なポイントでした。これはもちろん、税金の投入ということを考えるときには、常に条件化されることでもあります。かつて弁護士の活動にさらなる税金が投入されるという議論では、よく当局から弁護士の偏在の現実が課題として突きつけられることがありました。弁護士・弁護士会が、全国均等なサービスができていないという負い目が、猛烈な偏在解消への原動力になっていたことも事実です。

その意味で、潤沢な国家予算で津々浦々のサービス網を構築した法テラスは、「全国どこでも法的トラブルを解決するための情報やサービスを受けられる社会の実現」というコンセプトを掲げたとき、弁護士会の努力とは裏腹に、確固たる役割と担い手たる存在感を社会に示したといえなくはありません。

その立ち上げは、やや弁護士会の頭越しともいえる唐突なムードもありました。構想そのものはいろいろな形で議論されていましたが、立ち上げ当初、その本当の狙いをつかみかねていた人も弁護士会内には沢山いたように思います。当時取材した日弁連の幹部の中には、日弁連が進めている公設事務所構想などの偏在対策のあくまで補完的存在とみるような、善意解釈ともいえる見方までありました。弁護士会の存在感にとって代わる脅威など、感じていない方も沢山いたということです。

弁護士会に特別で強固な自治を与える必要性の話と、この法テラスの存在感は、将来的に結び付けられる可能性があります。本来全く別の、あるいはむしろ強調されてもいい弁護士自治の今日的な意味が、この存在感の前にかすむこともあり得るということです。

それに加え、弁護士のビジネス化傾向、若手弁護士の経済苦境からの会費負担感は、自治無用論の本格的台頭につながる恐れがあります。つまり、城の中からも開城を迫る動きが出始めるということです。もちろん弁護士増員で懸念した通り不祥事が多発すれば、自浄能力が問われ自治攻撃の強い援軍になることは間違いありませんし、もちろん大マスコミが急先鋒に立つでしょう。

どうしてこうなってきたのか。それをさかのぼっていくと、やはり「改革」にたどりつきます。弁護士増員をはじめ「改革」に弁護士自らが打って出た「オールジャパン」の結果は、弁護士の拠って立つ基盤を変え、その火の手がいまや弁護士自治という本丸に迫ってきたということになります。そして、「国民のため」という錦旗を突きつけられたとき、弁護士の大増員も、あるいはサービス業に徹することも、もはや受け入れざるを得なくなる状況が出来上がりつつあるといっていいとも思います。

「『改革』の真の目的は、弁護士を変えることあったのではないか」

こんなささやきが弁護士界のなかで聞かれるのも、こうした状況に対する弁護士の肌感覚ともいうべき、正直な感想だと思います。

さて、問題はここからです。この流れは果たして国民・大衆のためになるのでしょうか。実は国民は「まだ分からない」のかもしれません。ただ、「利用しやすい弁護士」またはそういう社会というテーマについて、あたかも「改革」に有利な証言だけに目を通すことになっているのではないでしょうか。

弁護士会の「法テラス」と一線を画す、国民生活と社会の未来にとっての重要な存在意義は何なのか。あるいは果たしてきた役割は何だったのか。「協力」や「期待」だけではなく、そこをもっと発信しなければ、この流れを止めることはできないと思います。

第５章　市民と弁護士

1　弁護士という「社会的存在」の行方

弁護士の活動では、「国民のため」「市民のため」という言葉がよく登場します。これに対して、弁護士の仕事は実際には「国民」「市民」のためではなく、「依頼者」のためにあるのだということをいう人がいます。

結論から言えば、これは別にどちらも間違っていないというか、矛盾しないというべきものです。つまり、弁護士はその使命として「基本的人権の擁護と社会正義の実現」を掲げ、「国民」「市民」の正義が実現される司法を支えている。日常の事件の解決に当たり、「国民」「市民」である依頼者の権利を擁護することで正義を実現しているということになります。

一方、視点を依頼者に移して考えれば、依頼者の権利が正当に実現されることは「国民」「市民」の理解を前提にしているわけではなく、たとえ世論・民意がそれに反しても、十全に主張されるべきことは主張され、守られるべきものは正当に守られなければなりません。大多数の世論の了解を得たり、彼らに対する説明責任を果たすことが司法や弁護士の役割ではないということもできます。

つまりは、弁護士のいう「国民」「市民」のための形は、あくまで権利が実現されることで正義が実現される司法を支えることを通して、という前提があるのです。

実はどうもここが、弁護士という仕事を外から見て分かりにくくし、弁護士が誤解されたり批判されるポイントのように思います。

例えば、弁護士を、「正義」を掲げながら実は拝金的なビジネスマンであるということを強調する人は、「国民」「市民」を対象にした公的な社会全体に対する奉仕者との距離や矛盾を強調し、時にはあたかもその仮面や化けの皮を剥ぐかのように欺瞞的なものとして攻撃します。

もちろん弁護士は公務員ではないので、生活のためおカネを稼がなくてはなりませんし、個人事業者として事業を成立させる必要があるわけですが、そこを公的な使命、あるいは間接的に実現されているそれとの間で、弁護士像を分かりにくくさせている、もしくは分からない存在にさせていると思えます。

今回の「改革」でもそうですが、弁護士会が対外的に発表する見解には、「市民」という言葉がちりばめられています。われわれ弁護士会が目指し求めているものは、「市民のため」のものなのだということが強調されます。日弁連の旧主流派あるいは「改革」主導層が描いた

「改革」史観といえるものでは、今回の「改革」がいかに日弁連主導で、この「改革」を「市民のため」のものにする目標に向かって活動してきたのかがいわれます。

現実の「改革」が果たして「市民のため」「国民のため」になっているのか、そもそも本当に目的がそこにあるのかは問われなければなりませんが、それもさることながら、こうした弁護士会のスタンスに必ずといって被せられるのは、そうした「公的な」イメージで社会に存在していないようにみえてしまう多くの弁護士の存在です。

激増政策の問題性、あるいは競争による淘汰を含めて、その国民に対する実害をいう弁護士の主張が、自らの商売への影響を考えた自己保身的主張のように批判されるのも、こうした弁護士の社会的に形成されているイメージとも無縁ではないと思います。「給費制」が果たして国民に本当に理解が得られないかどうか疑問もありますが、理解が得られないものとして扱われるのも、このこととつながります。

一方で、誤解というよりも、現実的にイメージを悪化させている弁護士が存在していることは事実であり、また、弁護士と市民の関係が一回性であればこそ、そうした一度出会った問題弁護士の体験は、たとえそれが少数派であったとしても、弁護士全体をくる形での批判につながり、当然「弁護士という人間は」という評価になっているのが現実です。良質な弁護士体験よりも、悪質な弁護士体験の方が強力な伝搬者になります。

だとすれば、質の確保なき増員、淘汰による良質化という形が描く、自己責任とともに国民がいったん「外れ」を引く可能性を伴う社会とは、推進派が描く「きれいな絵」に反して、実は弁護士の社会的イメージが、その本来の使命からより遠ざかる社会である可能性があります。

言い方を変えれば、弁護士の必ずしも分かりやすくはない公的な使命のあり方を社会に認知してもらう方向ではなく、多くの弁護士がよりビジネスと割り切らざるを得ない状況と、より「外れ」を国民がひく環境によって、弁護士全体がよりこの社会で「公的な」使命を持つ存在とはみられなくなっていく可能性があるということです。

「改革」が描く「何でも弁護士に」という社会の弁護士は、それが社会の奉仕者として受け入れられることを前提にしているように見えます。しかしそれは、日本の弁護士たちが、いよいよ「訴訟社会」アメリカを支えている弁護士たちのように受け止められる社会かもしれないのです。

「それでもかまわない」と言う人もいるとは思います。ただ、ビジネスとして割り切った彼らを、誰でもこれまでより活用できるという見通しに立てるわけではありません。今の「改革」の方向が、弁護士の使命をより社会に生かし、認めてもらえる方向なのか、それとも、より変質させてしまう方向なのか、現実的に、そのどちらなのかが気になります。

2　大衆が想定していない「身近な存在」

法曹界とかかわりのない知り合いとたまたま話をしていたら、その人は弁護士という存在についてこんな言い方をしていました。

「知り合いに一人いれば頼もしいだろうけど、できるだけかかわりたくない存在だ」

これが弁護士とご縁がなく、また、とりあえずこれからもかかわる予定がない多くの市民の、正直な感想のように思いました。

ただ、これがもし多くの市民の本音だとすれば、弁護士を増やして社会のすみずみに登場することが望ましいとされている方々は、あるいはこれも自らの正しさを強調する材料として使うかもしれません。つまり弁護士とは、多くの市民から、知り合いに少なくとも一人はほしいと思われている存在なのだ、と。そして、われわれの課題は、そのあとの「かかわりたくない」という部分の抵抗感を除去することなのだ、と。

そのイメージは、まさに彼らがいう大衆にとっての医者のような存在になることとも被ってきます。かかりつけの医者のように、気楽に困った時にすぐに駆け込める存在になるということだろうと思います。

実は知り合いの言を聞いた時、そんな彼らの言い分が頭に浮かんだので試しにこう聞いてみました。

「弁護士が医者のように、身近な存在になるというのはどう思う?」

その人は驚いて「ありえない」と答えました。そしてこう言いました。

「一体、庶民が弁護士に医者のようにかかわらなければならない案件が、どこにあるっていうのか」

ここで改めて感じたのは、専門家たちの論議で、時に「市民に身近な存在」として目標のように被せられる医者のイメージが、大衆にとっていかに弁護士と同一化できない、かけ離れたものなのかということです。そもそも多くの人が日常生活のなかで、はるかにかかわる機会があり、また、人生の最後はこれまたほとんどの人がお世話にならなければならない医者という存在と、ほとんどの人がかかわらなくて済んでいる弁護士が、現段階で大衆にとって同一に見えるわけがありません。

問題は、「身近な存在」論者が、そこにあたかも大衆が気が付いていないニーズがあるかのようにいう点です。弁護士が医者のように社会生活のなかに登場すれば、もっとこの社会はよくなるのに、それを今は知らないだけで、そうなれば彼らは納得するはず、だから、そういう社会にするべきなのだ、と。

さらに「身近な存在」論者は、この前提を強調するために、庶民のなかに大量の泣き寝入りと不正解決があると描きました。司法の機能不全を言った「二割司法」の世界です。泣き寝入りや不正解決がないとは思いませんが、その現実が社会のすみずみまで弁護士が登場する、医者のような存在になることと結び付けられる、それを実感としてとらえられる大衆はどのくらいいるのでしょうか。もし、本当にそういう大衆がこの社会に沢山いるのであれば、弁護士が増員され、社会のすみずみにまで顔を出す方針は、拍手喝采で迎えられていいはずです。

しかしどう考えても、大衆は弁護士とってのリピーターになることをイメージしていません。質の悪い弁護士が社会に放たれても競争の淘汰でなんとかなる、とおっしゃる方々は、弁護士の仕事ではそれが成り立たたない、大衆にとっての一回性の存在であることを無視しています。大衆には次がない、次によりよい弁護士を選ぶという機会自体がない人がほとんどなのです。

弁護士が社会に登場する社会の枠組みをつくるためというよりも、もはや登場する口実を作っているようにすら感じます。大衆の意思を忖度しつつ、実はとてつもなく、離れたことを進めようとしているのではないかと思います。それを国民が知らないだけのことなのです。

もちろん、こうした社会を疑問視している弁護士もいます。そうした弁護士の一人がこう書いています。

「私は事件が終了して依頼者から別れを惜しまれるとき、必ず依頼者に対して『ありがとうございます。でも、弁護士とは関係が切れた方が良いのですよ。これから二度と弁護士のところに来ないで済めば良いですね』と言います」（武本夕香子弁護士のブログ）

弁護士が社会のすみずみにまで乗り出すことを目指す図を描いている方々と、この弁護士とでは、どちらが大衆の立場に立ち、現実的な気持ちとつながっているかは明らかです。

3 「国民サイド」という弁護士の自負と課題

かつて多くの弁護士には、「国民に近い」もしくは「国民の側」という自負があったように思います。もちろん今でもそうした意識を持っている人もいますが、特別に意識していない人が多いように感じます。そうしたことを口にする人間が減ったということかもしれません。以前、弁護士がこうした表現を使うのは、対裁判官・検察官という意味合いが強かったと思います。つまり、法曹三者のなかで弁護士は一番「国民に近い法曹」「国民の側」ということを強調していたわけです。

だから、かつてこうした切り口が弁護士会側から強調されるのは、むしろ対国民というよりも、司法のなかでの弁護士・弁護士会のポジションや役割が、対権力、対官僚の視点でいわれる局面が多かった印象があります。

その典型が、弁護士会が長く悲願としていた「法曹一元」というテーマでした。裁判官を弁護士、もしくは経験のある弁護士から採用するという制度です。まさに、ここでいわれたものが、弁護士が国民に近い法曹として、人権感覚に優れ、生きた社会での経験を持つ存在であり、そうした人間が裁判官になることが公正な裁判につながるというものでした。

別の言い方をすれば、これは弁護士経験の優越性の主張です。こうした弁護士の経験が、キャリア裁判官の経験より上位にあり、当事者の立場に立ち人権を配慮するうえで、より優れているということです。

こうした意識は、日弁連の法改正反対運動や、さまざまな人権にかかわる活動にかかわる弁護士たちの根底にもあったと思います。それは、国民の側に立っているという疑いのない自負になっていたようにも見えました。

人権救済や再審への取り組み、反権力的な問題をはらむ活動をする弁護士たちは、その活動のなかで、国民に向かってても自負をもってその存在感を強調してきたと思います。しかし、市民生活のなかにある事件に対処するにあたっては、長く弁護士は、自らが敷居の高い存在であることを自認し、身近になることを課題としてきたのです。

法曹三者のなかで「国民に近い」「国民の側」という弁護士は、一方で、国民から近くないことを懸念し、もっと近づくことをテーマにしていたのです。

ところが、この方向は全体としてうまくいっているのか疑問があります。弁護士の中にはできるだけ情報を公開し、利用者目線に立って考えることで敷居を下げて身近になる努力をされてきた方が沢山いますし、その成果がないわけではありません。ただそれにもまして、弁護士への国民の信頼は高まっているとはいえません。

それは弁護士が「安心できない」存在になりつつあるということに思えます。弁護士という存在が、一定の能力と一定の資質を持ち合わせ、その地位を悪用してお金を取ったり、不当な形の事件処理をするような存在では基本的にはないのだ、という安心感がなくなりつつあるのです。この国でもっとも高度な教育と試験によって選別された「資格」という裏付けが、崩れているといってもいいと思います。

また、マスコミによる「ギルド批判」といった体質批判をされた弁護士会が、「国民に見放される」という孤立感への恐れから、既に今回の「改革」論議のなかで、本質論ではなく情勢論に傾斜したととれる歴史もあります。「国民の側」という自負が、大きくぐらついたととれる時期もありました。

弁護士会が悲願としてきた「法曹一元」には、大前提として、弁護士会が掲げてきたような弁護士経験の優越性が、社会から受け入れられる必要があります。弁護士に対する評価があってこそ、彼らこそが裁判官にならなくてはいけないという社会的了解につながり、そうでなければ裁判の権威もなくなります。比較において、「キャリア裁判官よりも弁護士」という認識が根底に必要なのです。

裁判に民意を反映するということでは、この国は、法曹一元によって裁判官を弁護士出身者にするのではなく、直接国民を裁判に参加させ、裁くことを強制する手段を選択しました。今や法曹一元という言葉は、「改革」をめぐる論議でも、弁護士界のなかでも聞かれなくなりつつあります。

今、そしてこれから、多くの国民は弁護士をどういう存在としてとらえるのでしょうか。弁護士は社会から尊敬される存在になれるのでしょうか。そして、そういう国民とのつながりのなかで、もう一度、弁護士の口から自負の言葉を聞くこともできるのでしょうか。

4　「悪しき隣人」は登場するのか

「良き法律家は悪しき隣人である」という諺があります。出典は分かりませんが、イギリスの諺のようです。法曹界では、何かにつけよく引用される諺という印象を持っています。解釈は人によって微妙に違いますが、大方は、法律家として有能な人物は杓子定規な思考によって円満な人間関係を作れず、隣人としては最低である、といった意味のようです。「法律家」の部分は、「法律を生半可に学んだ者」という趣旨に置き換えていたり、何かにつけ権利を振りかざすといった弊害をこの中に読み込んでいる方もいます。

また、これは直接的に法律家という存在への皮肉、揶揄ととらえられている面もあり、法律家がその体質ゆえに社会から嫌われることを示していると解釈する向きもあります。現に、かつて先輩法曹の後輩への忠告のなかでも登場していたようです。

ただこの諺は、今回の「改革」のなかでは、少なくとも推進論者にとって取り扱いが微妙な代物というべきです。「改革」は法律家を増やして「身近に」しようという話。もしこの諺が真理ならば、当然に「悪しき隣人」が増える話だからです。

それを分かってのことか、度々この流れのなかでは、「良き法律家は良き隣人でもなければならない」といった、反面教師的にこの諺を引用するものが見受けられました。ただ、そう解釈できるならばこの諺は成立しないと考えると、やや苦しい言い方にも聞こえます。社会や人間関係と隔絶した法律家の思考方法を戒め、いわば常識人としてふるまうべきという自戒をここに読みとることはもちろんできますが、激増政策がもたらす「悪しき隣人」登場への懸念を「改革」が払拭しているとも思いません。

以前、この諺について全く別の解釈で取り上げているブログがありました。

「この法諺は文字通りの意味に理解するべきではなかろうか。良い法律家とは、社会が法律家に託した使命を全うする者である。社会が法律家に託した使命とは何かといえば、弁護士であれば、依頼者の権利、利益を、妥協なくあくまで擁護する能力と熱意をもって仕事をすることである。裁判官であれば、世論や権力に迎合することなく法の精神に忠実に冷静に判断者に徹することである」

「それは、良き友人とか、良き隣人とか、円満な常識人とかいう資質とは別個のエトスであり、一種独特な『職業的人格』を要請する。良き法律家は往々にして悪しき隣人たらざるをえないのであり、それはそれでやむを得ないのであり、この法諺はこのような意味で理解するべきであろう」（「Practice of Law」）

むしろ、この諺を法律家は胸を張って受け止めよ、といっているようにとれます。隣人としての善し悪しとは別の次元で、法律家として徹すべきものがあることを言葉から読みとるべきということになります。

ブログ氏は例えば、誤判をおかす裁判官、被疑者の言い分に耳を傾けない裁判官、警察官や検察官の調書に嘘はないと信じたがる裁判官、公務員や銀行マンは一般市民よりも法廷で嘘をつくことは少ないという経験則をもっているらしい裁判官だって、「それぞれ家庭では円満な夫であり父であり、それなりに世間智もあり、友人としてはよき人たちに違いない」として、裁判官がいかにそれとは異質な資質が求められるのかを強調し、こう締めくくっています。

「変人であろうと偏屈であろうと、合理的な疑いが払拭できなければあくまで無罪を敢然と言い渡すことのできる職業倫理さえあるならば、それ以外の資質は、いわばどうでもいいとさえいえる」

法律家には法律家の使命を果たすために求められる資質があり、必ずしも「良き隣人」を目指すのは筋違いということになります。こう考えるとすれば、あるいは裁判員裁判で裁判官とともに裁く市民が、そうした職業倫理に基づかず判断することの問題性をいう人もあれば、逆に職業裁判官のそうした資質を踏まえて、そうでない市民が加わる意義をいう人もいるように思います。

いずれにしても、「良き隣人」を標榜し、それを目指す法律家の登場が、果たしてこの社会にとっていいことなのか悪いことなのか、そこに、この「改革」の評価を分ける一つのポイントがあります。

5 弁護士とサラリーマンの違い

銀行員として三〇年のキャリアを持っている浜中善彦弁護士が、弁護士とサラリーマンの違いというテーマについて書かれた一文を、『自由と正義』二〇一一年一〇月号に寄せています(「サラリーマンと弁護士」)。

およそ弁護士に限らず、サラリーマンにならない、もしくは辞める人の気持ちとしていわれるのは、やはり「自由」ということです。組織のなかで上司の命令に服従しなければならない仕事に対して、独立した立場で発言・行動ができる道を選ぶということです。

弁護士についてもいわれる、その「自由」志向の見方に対し、浜中弁護士は、自らが公募増資の応募をしなかった体験などに触れ、サラリーマンとて上司の言うなりでは必ずしもないこと、出世がサラリーマンの幸せとリンクしているという考え方があるが、サラリーマン生活を終えてみると、出世の有無で幸福に大差はないと感じることを挙げて、その差があまりないとする持論を展開しています。

むしろ、弁護士になれば、予定外の仕事が入ったり休日返上もあり、決まった時間出勤し、与えられた仕事を処理すればよかった銀行員時代の方が自由だった、と。
このテーマについて、実際に弁護士になってからの人の受け止め方は、やはりさまざまな感じがします。権威や権力との位置取りなどを挙げて、いわば精神的な自由を強調する人もいれば、浜中弁護士がいうようなものに近い、独立開業者の立場からの業務としての大変さや、実質サラリーマンと変わらないといったイソ弁の声も聞くことになります。「自由」というテーマを弁護士という仕事のどこに見て、どこを重んじているかによって違ってくるように思えます。

一方、逆に両者の違いが何かといえば、浜中弁護士は、その評価にあるとしています。サラリーマンの場合、与えられる仕事を決めるのは上司、どの上司に付くかを決めるのは会社であり、努力や成果もそのまま評価されるとは限らない。つまり、「自分の人生の一部を他人の決定にゆだねる」ということで、その代償として一定の収入保障や退職金、年金制度などがある。

これに対し、弁護士は「自分の人生は自らの責任で設計する必要」があり、決まった収入も引退後の生活の蓄えも自分で用意する必要がある仕事として、「弁護士はサラリーマンよりもリスクが高い職業であることを覚悟すべき」としています。また、違いとして弁護士に定年がないことはサラリーマンから見たらうらやましい仕事だが、そうはいっても、資格があることが生涯現役で仕事ができることとは同義でないことも指摘しています。

結論として、彼はこう言います。

「こう考えると、サラリーマンと弁護士は、いわれるほど違っているとも、どちらが有利であるともいえないと思う。求められる能力にも格別違いがあるとも思えない。しかし、弁護士にはサラリーマンに必須とはいえない資質が求められる。それは、人に対する思いやりとやさしい心であろうと思う」

彼の銀行員として経験から語られているサラリーマンの姿で、このテーマを語りきれるとは思いません。必ずしも上司のいうなりではないという環境、出世と幸福との関係、さらには、弁護士と求められる能力に格別違いがないという感想については、違う見方があっても当然だと思います。

しかし、彼の一文のなかでもっとも印象的なものは、弁護士に求められる資質として「人に対する思いやりとやさしい心」を断言するように書いている点です。むしろ「サラリーマンに必須とはいえない」としているあるところに、体験してきた三〇年のサラリーマン生活で味わった、彼が述べていない苦労や教訓が込められている感すらあります。

そして、この一文の中で、弁護士とかかわることになる市民にとって最も気になる、そして影響がある指摘がこの点です。弁護士にこそ求められる「人に対する思いやりとやさしい心」とは、とりもなおさず「人を理解する」気持ちあるいは能力といってもいいかもしれません。確かに弁護士には、それが人一倍求められていいと思います。なぜなら、そうしたものでつながる関係が、大衆にとっては最も安心できるからです。

だが、これは逆のことがいえるのかもしれません。弁護士がサラリーマンと見分けがつかない形でこの世界に存在し、弁護士自身の自覚としても、そこに差がなくなる時、その弁護士がもはやサラリーマンとしては「必須とはいえない」そうした資質を持ち合わせているのかどうかということです。

どうすれば、大衆が結果として「人に対する思いやりとやさしい心」の資質を持った弁護士にたどりつける社会になるのか、そこから逆算して今を考えてみる手もあるように思います。

6　弁護士・依頼者の「お付き合い」パターン

弁護士と依頼者の関係は、もちろん一通りではありません。事案や双方のタイプともかかわってくることですが、それは事案に対する素人と専門家の力関係による位置取りの違いというとらえ方もできます。

「こちらが依頼者。弁護士はこちらが使うものだ」という言葉をときどき企業経営者の方などから聞くことがありますが、弁護士に縁がなく、降って湧いたトラブルで弁護士に依頼しなければならなくなった市民の多くは、ただちにこんな心境になれるわけはありません。

そもそもそういう立場に置かれた市民には、専門家に頼りたい、助けてもらいたいという気持ちがあるわけですから、「客」ではありながらも、「先生」にご教示願うという風にとらえてしまうのは自然なことです。

ただ、そこでその位置取りを利用して威張りくさるか、あるいは市民が法律を知らないことをいいことに手を抜いたり、適正な解決方法をとらなかったり、カネをとられていたりするというケースがあるのは、ひとえに弁護士側の「質」の問題です。逆に言えば、いかに「質」が担保されていないという状態が、弁護士にアクセスする市民にとっては危険なものかということです。

そこには、頼らなければならなくなっているという市民側の立場、弁護士との接触経験が市民側にどうしても少ないという現実、そして、素人と専門家という立場の違いによって、内容の評価がしにくいという要素が絡んでいます。

こうした条件的な話になると、医者も同じではないかという人がいます。確かに市民に知識がないために、専門家の技術的選択に対しその内容の評価ができない、あるいは劣勢な立場に立たされることは共通しますが、接触経験の蓄積という意味では、市民自身や社会レベルで格段の違いがあり、セカンド・オピニオンを成立させる環境そのものも大きく異なります。やはり、医者と弁護士は同一化できない現実があると思います。

さて、医療過誤にスポットを当てている一般の方のブログで、昨年「弁護士とのつきあい方」というエントリーがありました。このなかで、医療事件の原告と弁護士の関係として、次の四つのパターンが紹介されていました。

①「弁護士は裁判所へのお使い」型
②「弁護士は伴走者」おつきあい型。あるいは、競馬型
③「弁護士に丸投げ」全権委託型
④同じ丸投げでも、無理矢理「丸投げさせちゃう」弁護士。全権独裁型

詳しくはお読み頂ければと思いますが、弁護士の方ならば、タイトルだけでも大体想像がつくかもしれません。このブログ氏の区分を簡単に説明すれば、①は「弁護士はあくまでも『代理』人。裁判のお手伝いさん」。原告が最も主導権を握り、最も負担が大きくなる。前記した「弁護士は使うもの」という発言のパターンですが、だれでもなれるものではありません。②はともに裁判を闘おう、というスタイル。ブログ氏も言いますが、原告・弁護士間の「ベストの関係」ですが実はバランスが難しく、原告側も努力しないと弁護士に手を抜かれることも。

③は、弁護士がすべてをこなす。原告の負担は最も少ないが、結果は運任せ。良い弁護士に当たればいいが、「外れ」を引く可能性もあり、その違いが大きい。巧みに弁護士が手を抜くこともできるし、「外れ」を市民側は気が付かないこともある。ブログ氏はこのタイプが一番多いが、「原告が怒りまくるのもこのタイプ」としています。そして、④は主導権を完全に弁護士が奪い、「まあ、見ていろ」という風に勝ちにいく弁護士。頼りになり勝率は高いが、こう

いう弁護士の絶対数が少ないと。

さて、この関係は医療事件に限らず、基本的な裁判に臨む弁護士と依頼者・市民の間で作られる関係のように思えます。そして、増員によって、競争による淘汰が始まろうとしている弁護士との関係、もしくは「質」の保証を二の次に、弁護士を社会に放出するなかでは、②〜④のいずれもが市民にとって油断できないものになりかねません。

③では余裕のなさ、経済的に効率がいい仕事を選ばざるを得なくなる傾向、ビジネス化の傾向が強まれば、手抜きのリスクは高まるし、能力が均一化しなければ、より「外れ」を引く可能性は高まります。そして、②④では、いうまでもなく言葉巧みに市民の気持ちを引きつけて、必ずしも裁判や紛争解決を適正・妥当な解決に導けない弁護士たちの影響を受ける形になります。

ブログ氏は、「弁護士を乗り気にさせるのも原告の腕」としていたり、弁護士を「職人」として、大工さんや料理人と同じに、彼らを立てつつうまく使うことを提案しています。それは間違っているとは思いませんが、今進んでいる「改革」の先にある社会では、市民がそれをできる関係も環境そのものも、さらになくなっているのではないかという気がするのです。

7　弁護士の「人生相談」

法律相談という場面では、弁護士側が当惑するような話もよく聞かれます。そのうちの一つにあるのは、法律相談ではなく人生相談が持ちかけられるというケースです。

弁護士を頼ってくる多くの依頼者・市民は、降って湧いたトラブルのなかで動揺し、また悩み抜いています。そんな藁をもつかむような精神状態で弁護士に会えば、一気にそうしたものが噴出することは、想像に難くないことではあります。

こうした場面で、あくまで法律の専門家である弁護士が悩まざるを得ないのは、大きく二つです。一つは、とにかくそうした状態の依頼者に対して、なんとか肝心の適切な法律的な対応を導き出すために必要な事実関係を引き出さなければならないことです。

そうした依頼者が身の上話をしたくても、どんどんそちらに時間が割かれれば、肝心の話ができずじまいに終わってしまいます。依頼者のそういった精神状態のなかで、なんとか弁護士として仕事を果たさなければなりません。もちろん、相談時間が長くなれば、相談料が依頼者の負担としてかさむことにもなり、それを考えれば、できるだけ早く打ち切るのは依頼者のためという人もいます。

私は法律家ではないので法律的な指南をするわけではありませんが、これまで何度もそうしたトラブルに巻き込まれた市民と話し、「話したい」「気持ちを聞いてもらいたい」と思っている当事者の話を遮るのは時に難しく、それをかいくぐりながら、一体どういう事案で悩んでいるのかをつかむのは、結構骨が折れる場合があることを感じました。

もっとも弁護士を仕事にしていれば、そんな経験は一度や二度ではないので、それこそ弁護士のテクニックともいえるのですが、現実的にそこをあまりドライに切り捨てると、「うちの先生はこちらの話を聞いてくれない」といった、弁護士からすれば、やや筋違いの不満や誤解を生む原因になります。

もう一つの弁護士の悩みは、使命・目的は踏まえたうえで、現実的に弁護士はどこまで人生相談の領域に踏み込むべきなのかという問題です。ここは弁護士によって見解が分かれるように思います。弁護士は「カウンセラーではない」という言葉も聞きます。「人生相談ならば別の人に頼みなさい」と言うべきだと。

ただ、やや状況が違ってきたと感じるのは、弁護士のサービス業への自覚です。弁護士がよりサービス業として、お客様のニーズにこたえていこうという考え方が強まりつつあるなかで、付随サービスとしてこれを考えてもいいのではないかという見方が出始めています。

最近も、豊田崇久弁護士がブロクでこの問題を取り上げていらっしゃいました（「弁護士はカウンセラーではない、は正しいのか」）。

「私が、最初にお話したように、悩みにできるだけ寄り添えるようにすべきという考え方を持っているのは、弁護士稼業は、お客様あってのサービス業であると考えているからです。サービス業である以上は、できるだけお客様の需要に答えるべきだと思いますし、弁護士としてどう仕事をすべきかも、お客様が弁護士に対して何を望むのかによって変えるべきだと思っています」

「法律のプロとして、淡々と法的サービスを提供してほしい方には、無闇に深い話に立ち入ることなく、業務上必要な限度でお話を聞き、法的サービスを提供する。心の悩み、辛い気持ちに寄り添うことを弁護士に期待されている方には、法律の話から少しわき道にそれるようなことでも、丁寧に話をお聞きする。サービス業のプロフェッショナルとして、顧客のニーズ（法的ニーズに限らず）を最大限満たす、それが弁護士としてのあるべき姿であると私は考えています」

やはりここは弁護士のなかで、弁護士の在り方として、また現実的な可能性としても、いろいろなとらえ方がされているところです。ただ、豊田弁護士の指摘のように、それを期待している市民の側からすれば、おそらくサービス業としての自覚を歓迎し、また、そうした弁護士の対応を求める意見は社会にも存在すると思います。

しかし、そうした意見があることを前提とした場合でも、考えなければならないことがあります。つまり、こうした弁護士のサービスは、弁護士が競争にさらされ、余裕がなくなるほどに、「自覚」によって充実するものなのか、それとも余裕がなくなるほどに、現実は切り捨てる、もしくは切り捨てざるを得なくなっていくものなのか、ということです。

弁護士が自らの仕事に対する考え方によるとはいえ、仮にこれを正面から受け止めるとしても、「自覚」が「ニーズを満たす」という見方では割り切れない現実が進行していることは、むしろ、大衆が分かっておかなければならないことのようにも思います。

8 「必要な弁護士」像の目標と発信

一般的に考えて、弁護士からみた仕事の成功モデルとは、より効率よく適正に事案を処理し、安定的に収入が得られる環境を作ることにあるように思います。

ただ、これもよく見ると、弁護士によって当然描き方は違います。そもそも弁護士になった目的が、例えば人権擁護活動や弱者救済にあるという使命感が強い人ならば、そうした環境は、その目的を達成するために必要なものとなります。

つまり、そうした活動が出来得るための経済的安定であり、冒頭のような環境自体が目的化しているわけではない、という人がいるわけです。逆に言えば、そうした特別な使命感が希薄なほどに、そうした環境そのものが目的化していくことも当然であり、日弁連のアンケートなどで示す「公式見解」はともかく、おカネ儲けがしたいと思ってこの世界に来た人ならば、そこが重要になるのもまた、致し方ないことではありません。

一方、社会が求める弁護士像も一通りではありません。企業関係者のなかには、出来るだけ低額で、常に一定のサービスを企業ニーズにこたえる形で提供できる条件と能力を求める人たちがいます。弁護士を選択できる環境にある彼らに対して、いかにその要望にこたえられるかが、安定を確保するために必要と考える弁護士の課題となり、弁護士はそれに向き合うことになります。

しかし、おカネを投入する用意がない多くの大衆、さらに人権にかかわる問題を抱えた人々の期待は、むしろ弁護士の使命感の方にあるといっていいと思います。正義の実現を使命として法に掲げている公的な存在として、できるだけカネ取り主義では臨んでほしくない、正義感として助けてほしい存在になります。

その意味では、そうした使命感をもってこの世界にきた弁護士ならば、それを歪めない形の、それを支えきれるだけの経済的安定を持ってもらうことは、そうした期待感をもつ大衆にとって、本来は歓迎すべきことだと思います。安定が目的化し、カネ取り主義で事案に当たられることは、難しい法的処理の対応を弁護士に預けた形になる大衆にとっては、非常に油断できない、危なっかしいことでもあるのです。

ここで私たちは、二つのことを考えなければいけないと思います。まず一つは、この社会にとって、どういう弁護士を養成してもらわなければならないのかということです。別の言い方をすれば、どういう能力と意識をもった人が必要なのかということです。

もちろん、意識だけでも、能力だけでも通用しないことはいうまでもありません。仮に能力があっても、大衆にとっては、どういう意識の弁護士が必要なのか、そこがもっと問われていいように思うのです。

そしてもう一つは、どういう意識の人がこの世界を目指すべき、目指してほしいと法曹界側が発信するのかということです。もちろん動機は強制できません。どういうことを期待し、どういう仕事を選択するのかは自由です。

ただ、弁護士の経済環境が変わり、「まだこうした出番がある」「ここは収入的に安定している」というメッセージが社会に伝わったとすれば、とりもなおさず、そこを目指せということにもなります。羽振りがいいのはやはり企業系となれば、間口が狭くても、もちろんそこが志望者の目標になるかもしれません。

一方で、使命感でこの世界を目指したいと思っても、それが実行できる安定した環境を作るのが相当困難というメッセージが伝われば、この世界に来るのを断念する人も出てくるでしょう。その結果、そうした意識をもった弁護士に出会うのが大衆にとって困難な社会になってしまうかもしれません。

法科大学院関係者をはじめ法曹養成にかかわる人のなかにも、一体どういう法曹を育てなければならないのか、戸惑っている方もいるようです。また法曹界では、「まだまだ儲けている」「貸与制でもやれる」「甘やかすな」という、弁護士にとっては厳しいととれる意見が目立ちます。それでもやってくる有志を期待する声よりは、経済的条件が整っている人だけが来れる話と、使命感を持つ人も含めて来なくなる話がささやかれているのが現実です。

結局、どういう意識の弁護士がこの世界に残ることになるのか、大衆に最も密接にかかわるその肝心な不安が、伝えられていません。

9　弁護士への「不信感」というテーマ

弁護士が取り上げる議論のテーマとして、「信頼される弁護士」という切り口は度々見かける気がしますが、「不信感を持たれている弁護士」というのはあまり見かけない印象があります。

ただ、これは同じことだという方もいるかもしれません。市民から信頼される存在になることは、不信感を持たれないことでもあり、あるいは、現に存在する不信の原因を取り除く、または生まないようにする努力もまた信頼構築につながるのだ、と。

しかし、前者の切り口はプラスの話が多く、やはり依頼者・市民との信頼関係を築くため、よりサービスや気配りの必要性をいうことに比重が置かれ、今現在、弁護士のイメージを低下させているマイナス面を直視した話とは必ずしもいえないようにみえるのです。なぜ、市民はそういう不信感を抱かせるような弁護士と出会うことになっているのか、ということです。

ネットなどを見ても明らかなように、実は巷には弁護士に対する不信感をいう言葉があふれています。この中には、弁護士への過剰期待や誤解を含めたもの、さらには逆恨みに近いものまで混じっている可能性もありますが、それですべて片付けられるわけもありません。

案件やその弁護士との関係に深く踏み込まなければ、その不信感を持つに至った原因や主張の正当性をほかの弁護士を含めた第三者が判断しにくいこと、また、弁護士の仕事そのものが、時にそうした理不尽な誤解や攻撃を受けるものだと割り切っている弁護士がいることも、「不信感」がテーマとして取り上げられてこなかったことと無縁でないのかもしれません。

しかし半面、多くの弁護士はもちろん同業者の中に、市民の不信感のタネになるような弁護士の対応、どう見てもアウトな弁護士がいることもまた知っています。同業者として弁護しようのない弁護士の存在です。

依頼者・市民から聞こえてくる、最もよくある「不信感」を持っているパターンは、今接している弁護士の対応に関するもので、大きく二つに分けられます。一つは、自分が抱えているある案件に対する対応での「放置」への不信、ほったらかされていると感じることからくるものです。もう一つは、その対応の適切さ自体に対する不信です。

前者も後者も、きちっとした弁護士による説明や連絡があることによって解消されるものもあるはずです。その意味では、弁護士の配慮不足と説明能力は共に問われることではあります。とりわけ後者については、特におカネの問題が絡んでいる場合が目立ちます。当初の話と違って費用がかさんでくるほどに、不信感もまた倍増しているケースです。ここも、初期段階の見通し、見通せないケースであれば説明能力という問題になります。

ただ後者については、それだけではありません。つまり、法的指南として最適なものが選択されていないという場合です。これこそ手の内は専門家のなかにあり、依頼者・市民には見抜けない、判断しにくい領域にあり、取り返しのつかない結果が出ることもあります。

よく言われることですが、法廷で相手側主張の「嘘」を知ってしまっている一方当事者からすれば、相手方の弁護士は「嘘」の加担者であり、それにとどまらず、その正当性を法律的に支えるという関係が、「嘘」を承知の上で指南している深い関与を想定させる場合があります。そこが、弁護士の職責として許される範囲なのか、シッポをつかまれない範囲なのか、明らかに懲戒対象に当たるアウトなのかもまた市民には分からないまま、結果として不信感につながっていることもあります。

とりあえず有効策といえるのは「セカンド・オピニオン」ということになると思います。これは市民側の負担になりますが、弁護士の対応が別の専門家から見ても、間違っていることが明らかになる場合もあるでしょうし、逆にそれは正しいけれども、説明が不足していることが判明する場合もあると思います。必ずしも解任や別の弁護士を探すことにはつながらないケースもあるかと思います。

しかし、こうした形で不信感が解消されるとすれば、それはもはや依頼者に実害を与えず、あるいはそれを最小限に食い止める点で「うまくいった」ケースというべきなのかもしれません。結局、一回こっきりたまたま出会った弁護士によって、不信感を決定的にしてしまう人もいますし、また、前記したような形で別の弁護士によって救われたとしても、その人の弁護士全体への不信感が必ず払しょくされるわけでもありません。

不信感のタネになっている同業者の対応を知っている弁護士のなかには、「自分はそうなるまい」と自戒の精神で日々の業務に当たっている方が沢山いらっしゃいます。それはもちろん意味のあることです。ただ、残念なことに、依頼者からすれば、現実的にいかに「外れ」を引かないで済むかがこの資格業そのものに対する不信感を持つか持たないかの要です。

社会のなかで、市民が能力と精神において「外れ」を引かずに済む確率をいかに上げるのか、弁護士の一定の質をいかに社会のなかで担保するのか、そして「改革」もその方向に向いているのかどうか――弁護士全体の信頼も不信感の行方も、やはりそこにかかっています。

10　ある弁護士に刻まれた「法廷」の記憶

「なにとぞ、この法廷が『沈黙の犯罪』を防止できるように」

かつて平和と人道と正義を求める一人の勇気ある哲学者のこの願いが、世界を震撼させる「法廷」を生み出しました。ベトナム戦争中の一九六七年、同戦争における米国と同盟国の戦争犯罪を、「人類の良心」の下に民衆が裁いたこの「法廷」は、やがて米、欧州での反戦運動に大きな影響を与えただけでなく、その後の国内国際民衆法廷のモデルとなりました。

この「法廷」はその哲学者、バートランド・ラッセルの名から、「ラッセル法廷」として、歴史にその名を刻むことになります。

この「法廷」に日本からただ一人、ベトナム戦犯日本委員会事務局長として、設立会議から法廷メンバーに参加したのが森川《もりかわ》金壽《きんじゅ》弁護士でした。人権派弁護士として活躍され、横浜事件再審弁護団長も務められた同弁護士には、生前、何回も取材させていただいたり、座談会を企画させていただいたりして、度々お話を聞く機会がありました。「ラッセル法廷」の模様も鮮明に記憶されており、貴重な歴史的証言者でもありました。

この設立会議席上、あいさつを冒頭の言葉で締めくくり、退場していく九三歳の老ラッセルの姿を、森川弁護士は著書『権力に対する抵抗の記録』（創史社）で紹介し、こう感動的につづっています。

「この孤高の老哲学者の名声と威望がなかったら、この前代未聞の戦争犯罪法廷の試みは成功しなかったであろう。世界は好機に最適の人物に恵まれた」

当時、超大国アメリカ合衆国を裁くということが、どれほどドラスチックで困難なことであったのか、森川弁護士はここで回想し現代に伝えています。各国政府のみならず、それまでの多くのラッセルの支持者・支援者が、大国の影に脅え、彼の試みに尻込みしてしまいます。

しかし、四面楚歌の中、ラッセルはたじろぎませんでした。一九六六年七月、北爆で撃墜された米パイロット捕虜について、北ベトナムが戦犯として裁くという態度を示したのに対し、米政府が憂慮の念を示した時も彼はこう断言しました。

「米パイロットは兵器で何千人もの人命を奪う野蛮な犯罪を犯している。彼らを裁判にかけ、責める権利をベトナムは十分持っている」

ラッセルとはそういう人物でした。そして、思想家ジャン・ポール・サルトルらフランス勢の応援を得て、彼の勇気ある挑戦は実現していきます。

実はこの「法廷」で、日本は「共犯者」として裁かれました。結果は八対三の評決で「有罪」。この共犯をめぐる論議についても、森川弁護士は貴重な記録を残しています。共犯成立の一つの焦点は、「派兵」でした。

「日本は一兵も派兵していないではないか」

共犯性を否定するこんな意見もメンバーから出されたといいます。しかし、判決理由の結論は、次のようなものでした。

「日本政府が用い得たはずの、さまざまな抵抗の方法を考えるならば、特別の責任を強調してよい」

「派兵」即共犯、かつ米軍の戦争犯罪行為への無批判、抑止回避といった不作為も共犯。これが「ラッセル法廷」という人道的民衆法廷の判断基準であったこと、その基準に照らしてわが国には「有罪」とされた「前科」があったこと、そしてその「前科」に照らして、その後の日本がどう裁かれてもおかしくないのか――。

森川弁護士がわれわれに伝え残し、突きつけているテーマです。

あとがき

よく弁護士界の中で、「この『改革』は弁護士の改革ではなかったか」という人がいます。ここで使われる「改革」という言葉には、ほとんどの場合、肯定的な意味でなく、「変質」というニュアンスが込められます。それくらい今回の「改革」によって、弁護士は変わることを余儀なくされ、また、それを弁護士自身が身に染みて感じているということです。さらにいえば、この「改革」の目的自体が、実はこの弁護士の「変質」そのものにあったのではないか、という疑念のようなものにつながっています。

弁護士会で「改革」路線を主導してきた弁護士たちの多くは、これを「市民のため」と位置づけ、その目的のために「改革」を牽引するとともに、そのなかで弁護士自らが変わることの意義を受け止めようとしました。

しかし、この「改革」のもう一つの顔、あるいは本当の顔というべきものは、規制緩和の流れにのっかった経済界が求めた「改革」であり、その中には弁護士をより彼らに使い勝手よいものにするという目的も描き込まれていたのでした。

もしこの「改革」を、後者の意図に基づく法曹界外からの影響によるものだったとみた場合、その変革の構想者がまず手を付けるべきものとして頭に浮かべたのは、「数」ということではなかったのか、という想像ができます。

法曹、とりわけ弁護士の数を激増させる。この方針に従って、従来からの司法研修所を中心とした法曹養成は、そのキャパシティにおいても見直しを余儀なくされ、法科大学院構想受け入れへとつながる。弁護士の増員は、これまでの弁護士の業務を大きく変え、競争の導入によるよりビジネス化に向かう意識の醸成とともに、公的な使命感や反権力的な姿勢を減退させていく。そして、その先には弁護士会強制加入への不満とともに、弁護士自治の内部崩壊までもが射程に入る――。まるでドミノ倒しのように、「数」が弁護士とそれを育んできた環境を必然的に変える図が描けてしまいます。

これを、二つの顔を持つ、同床異夢の「改革」の現実としてみたとき、われわれは「この『改革』は本当に国民のためになる方向に進んでいるのか」という問いかけを、何度でもしなければいけないと思うのです。本書がそのために少しでも活用されることを、著者としては願ってやみません。

最後に『弁護士観察日記』パート1、パート2に引き続き、今回も出版の機会を与えて頂いた共栄書房の平田勝社長と、編集の労をとって頂いた同編集部の方々に、この場を借りて改めて心から感謝申し上げます。

河野真樹

河野真樹（こうの　まき）
1959 年東京生まれ。1978 年成蹊大学法学部法律学科入学。
1983 年法律新聞社入社。編集部記者、編集主任を経て、編集部長（「週刊法律新聞」編集長）を務める。2010 年退社、独立。
著書『大増員時代の弁護士――弁護士観察日記 PART1』（共栄書房、2011 年）、『破綻する法科大学院と弁護士――弁護士観察日記 PART2』（共栄書房、2011 年）

現在、司法関連の言論・投稿サイト「司法ウオッチ」を主宰するとともに、法曹界ウオッチャーとして、ブログ「元『法律新聞』編集長の弁護士観察日記」（http://kounomaki.blog84.fc2.com/）を執筆中。

司法改革の失敗と弁護士――弁護士観察日記PART3

2012年3月10日　　初版第1刷発行

著者 ――― 河野真樹
発行者 ―― 平田　勝
発行 ――― 共栄書房
〒101-0065　東京都千代田区西神田2-5-11 出版輸送ビル２F
電話　03-3234-6948
FAX　03-3239-8272
E-mail　master@kyoeishobo.net
URL　http://www.kyoeishobo.net
振替　00130-4-118277
装幀 ――― 黒瀬章夫
印刷・製本― 株式会社シナノ

ISBN978-4-7634-1046-7　C0036